충북대학교 인문사회 연구총서

한국 경제사회의 천민성

기원(起源), 실체(實體) 그리고 극복

김 성 기

충북대학교 출판부

한국경제사회의 천민성 기원(起源), 실체(實體) 그리고 극복

김성기

충북대학교 출판부

한국경제사회의 천민성 기원(起源), 실체(實體) 그리고 극복

저 자	김 성 기
발행처	충북대학교 출판부
발행인	윤 여 표
주 소	(28644) 충북 청주시 서원구 충대로1 (개신동12)
전 화	043)261-2952, 3014
팩 스	043)274-1256
이메일	presscbu@chungbuk.ac.kr
등 록	제1983-2001-7호
초판 1쇄 인쇄	2018년 1월 31일
인쇄처	다해 02)2266-9247

* 이 책은 충북대학교 학술도서지원사업 및 대학 인문역량 강화사업(CORE)의 사업비 지원에 의해 발간되었음.

ISBN 978-89-7295-316-6 93330

값 18,000원

책 머리에

경제와 정치는 분리가 가능한가? 이 질문은 지도 교수이셨던 지당(遲堂) 선생께서 생전에 내게 주신 화두였다. 경제학을 접한 지는 40년이 훌쩍 넘고 경제사를 강의한 것도 벌써 30여 년이 넘어 내 인생의 반을 넘는 세월이 흘러 이 문제의 윤곽을 잡았을 뿐이다.

지금 내가 내린 잠정적인 결론은 경제와 정치는 분리할 수 없다는 것이다.

단순히 명칭만의 문제는 아니지만, 경제학의 시초인 고전학파의 경제학자들도 경제학을 Political Economy라고 했고 일본에서는 이를 경제학이라고 번역했다.

경제라는 단어의 어원은 경국제민(經國濟民) 내지 경세제민에서 유래되었다 한다. '나라를 다스리고 백성을 고르게 한다.'라는 뜻이다. 바로 정치의 의미이다. 따라서 단순히 명칭만으로 유추하면 분리 불가이다.

또 하나 생각할 것은 경제의 의미이다. 경제란 무엇인가. 인간이 지니는 기본적 본능은 식(食)과 색(色)이라고 생각한다. '식'은 생명의 유지이며 '색'은 종족 보존의 본능을 의미한다. 따라서 경제는 이러한 인간적 본능과 관련된, 즉 먹고 살아가는 것과 관련된 모든 행위를 말한다. 또한, 정치란 백성을 편안하게 하는 것을 최고의 선(善)으로 삼고 통치하는 인간 행위이다. 따라서 예부터 민생(民生)의 안정이라는 목표는 지금까지도 계속 주장되고 있지만 실현되지 않는 환상임을 보여준다. 그런 점에서 경제와 정치는 분리할 수 없는 사회현상으로 나타나고 있다.

흔히 우리는 정경유착은 정치 권력을 이용한 경제적 이득을 취하는 것이므로 정경의 분리를 주장한다. 그러나 정경유착의 역사를 보면 절

대왕정기 후진자본주의 국가들의 경제발전 초기, 즉 산업화 초기 또는 조선 시대 시전 상인들의 권력 유착 등의 현상들에 기인하고 있다. 이는 정경유착이 정치·경제의 단순 분리와는 다른 의미임을 알게 한다. 이러한 정경유착형의 상업 활동을 통한 재산 취득을 베버는 산업자본주의와 구분하여 천민자본주의라 명명하였다.

한국 자본주의의 천민성은 경제발전 초기의 정경유착에서 기인한다고 할 수 있다. 이런 의미에서 근대화와 산업화라는 엄격한 용어법을 사용하고 이중혁명론의 입장에서 보면 선진국과는 전혀 양상을 달리하는 발전과정을 보인다고 하겠다. 사회의 틀이나 사상적 진화나 질서 변화 없이 산업화만의 추구는 사회의 건전성을 크게 훼손하고, 자본주의의 물신성(物神性)의 전파를 그대로 받아들여 인간성의 매몰 내지 경제 우선 즉, 나만 잘 살면 된다는 식의 '나' 주의를 확대하고 내가 아닌 '남'의 존재는 고려도 배려도 하지 않는 비뚤어진 사회상을 만들어 버린 것이다. 이러한 모습을 반성하고 개선하려는 노력을 시작할 때이다.

그 시작은 '사람'으로부터이다. 경제학을 비롯한 사회과학의 연구에서 인간을 배제한 연구는 현실과 괴리된 결론을 도출할 가능성이 높다. 따라서 '사람'을, '인간'을 논의의 중심에 놓고 출발하려는 자세가 필요하다.

경제학을 비롯한 사회과학 연구에서 아주 중요하고 기본적인 출발점은 개념의 엄밀성이다. 엄밀하고 정확한 개념 규정 위에서 논의가 진행되어야 한다. 그래야 혼란스럽지 않다.

끝으로는 미래사회에 대한 통찰이다. 앞으로 사회 변화를 예측하고 그에 알맞은 대응을 준비하여야 한다. 이상의 것을 실현하는 것은 '교육을 통해서'이다. 특히 어린이들에 대한 교육을 어떻게 할 것인가를 고민해야만 한다. 또 그들이 어떤 사회에서 살기를 바라는가 진정으로 고민해야만 할 것이다.

목 차

1부 기원

봉건 한국의 공동체론

I

문제의 제기

한국 경제사를 연구하는 데 있어 가장 중요한 문제 중의 하나는 봉건 사회로부터 자본주의 사회로의 이행과정을 어떻게 설명할 것인가 하는 테마일 것이다. 이 경우에 논리 전개상 반드시 봉건사회에 대한 분석이 선행되어야 하는데 이것은 단순히 과거 역사를 해석하는 일일 뿐만 아니라 현재 우리나라 경제발전단계를 어떻게 인식하느냐 하는 데에도, 나아가서는 앞으로의 사회 발전을 조망하는 데에도 매우 중요한 일인 것이다. 왜냐하면, 역사 발전의 해석은 세계사적 발전 법칙을 염두에 두고 행해져야 하므로[1] 자본주의 사회 분석의 기초로서 전 자본주의 사회에 대한 분석은 반드시 전제되어야 할 것이기 때문이다.

---

1) 왜냐하면, 세계사를 度外脫한 일국사의 해석은 과학적 태도가 될 수 없기 때문이다. 적어도 세계사의 발전 법칙을 기본 좌표로 인지한 후에 일국사에 대한 인식이 이루어져야 그 나라의 역사적 위치가 분명해지는 것이고 이러한 역사적 위치의 확정 위에서 역사연구의 목적도 달성될 수 있는 것이다.

특히 근대화 과정이 현상적인 관심사로 등장하게 되면 전근대 사회에 대한 연구의 중요성은 더욱 부각된다. 즉 근대화를 "전통적 사회 체제를 지탱하고 있는 제제대가 해체되고 그로부터 '근대사회(산업사회)'가 형성되어 가는 과정"이라고 이해하면[2] 대부분의 전통적 사회는 반드시 일정한 형태의 전근대적인 공동체를 토대로 하여 성립하고 있는 사회체제이므로 이 '근대화' 속에는 이러한 공동체의 종국적인 해체 과정—물론 전근대적 공동체의 일 형태로부터 다른 형태로의 이행은 아니다—이 그 기초적 국면을 이루는 것이다.

그런데 이러한 근대화의 역사적 방향은 기본적으로 두 가지 가능성이 있다.

V.I.Lenin은 이것을 「America 型」과 「Prussia 型」으로 명명하고[3] 봉건제의 태내에서 발생·성장한 독립·자유로운 소부르주아층이 자신들을 억압하고 있던 봉건적 중압을 헤치고 스스로 주도권을 가지고 산업자본 전개의 역사적 제 조건을 자율적으로 만들어가는 전자의 경우와 거꾸로 봉건적 토지 소유자층이나 전기적 자본가층이 전근대적 제 조건을 최대로 가능한 범위 내에서 잔존시키면서 산업화 과정에 돌입하는 더딘 형태로 근대화의 역사적 조건을 타율적으로 전개하는 후자의 경우를 구분하고 있다.[4]

---

2) 大塚久雄, 近代化と產業化の歷史的關連について—とくに比較經濟史の視角から, 『大塚久雄著作集』第4卷, 巖波書店, 1969, pp.276～278

3) V. I. Lenin, The Agrarian Programme of Social—Democracy in the First Russian Revolution, 1905-1906. 『Collected Works』 vol. 13. pp.238～242

4) 여기서 「산업화」와 「근대화」를 구별한 것은 이들 내용에 다음과 같은 차별성이 있기 때문이다. 즉 근대화와 산업화는 전통적 사회로부터 이탈이

이와 같은 근대화에 대한 두 가지 길을 궁극적으로 제약하는 결정적 요인은 무엇일까 하는 것은 이론적으로 보아 대단히 중요한 문제이다. 이에 대한 논점은 대체로 다음과 같이 정리할 수 있다.[5)]

역사상 산업자본이 형성되어 그 경영이 계속적으로 발전해 가기 위해서는 ① 한쪽에 자본으로 투하될 화폐가 필요한 만큼 축적되어있을 것 ② 다른 한쪽에는 임금노동자가 될만한 빈민이 필요한 만큼 존대하고 있을 것의 두 가지 조건이 필요하다. 그런데 이 두 가지 기초적 조건만으로는 산업자본의 형성이 이루어지는 것이 아니고 양자의 결합이 나타나야 하는데, 이 양자를 결합하여 산업자본을 형성시키는 역사적 조건은 ① 상품생산을 기초로 형성된 경제적 관계가 전근대적인 경제외적 성격을 지닌 제규제의 속박으로부터 자유롭게 되어있을 것 ② 각 상품 생산자 특히 산업자본가는 제품판자를 위한 시장뿐만 아니라 시장에서는 임금노동자로서 고용 가능한 빈민들을 구할 수 있을 것 다시 말하면 노동력의 상품화와 그 필수조건이 갖추어 있을 것이다.

이러한 역사적 조건을 형성한 것은 봉건제 말기에 이르러 봉건제 해체 과정으로부터 점차 그 모습을 드러내기 시작한 국지적 시장권의 형성과 확충, 이를 근거로 한 중산적 생산자들의 양극분

라는 점에서는 동일한 것이지만 전자는 사회체제의 해체와 개편에 관련된 용어임에 대하여 후자는 개별적인 생산 활동의 영리 기업화 내지 경영화로서 이해해야 하기 때문이다. 住谷一彦, 産業化と近代化の相關と「共同體」論の視角—低開發國の「經濟と社會」分析への視角—, 『共同體の比較史研究』. アジア經濟硏究所, 1973, pp.23~85 참조.

5) 大塚久雄, 前揭書, pp.243~245

해였다.

그런데 이러한 양상의 발생은 바로 봉건사회의 보편적 토대인 공동체의 성격에 규정을 받는 것이므로 전근대사회 분석에서 공동체 분석이 그 근간을 이루는 이유가 바로 여기에 있는 것이다.

물론 지금까지 수많은 연구자가 행한 봉건 한국에 대한 연구결과들이 상당히 많이 축적되어있다. 그런데 이들 연구결과는 크게 조선 봉건사식 부정론과 긍정론으로 집약할 수 있는데 전자의 논리는 주로 일찍이 일본 제국주의의 관제 어용학자들이 일본 침략 이전의 조선 사회를 정체론 일색으로 도장하여 조선민족의 열등성을 객관적으로 부각시켜 조선침략을 합리화하려는 주장들이었다. 복진덕삼,하합홍민,화전일랑.흑정엄등의 견해는 그 입장과 견해에 약간의 차이는 있지만 모두 조선에서의 봉건사회 성립을 부정하고 있다는 점에서는 일치하고 있으며, 또 이들과는 약간 그 경향을 달리하여 일견 Marx주의 역사학에 의거하고 있는 것 같은 삼곡극기도 Max weber나 Wittfogel의 동양 사회정체론에 귀결하고 있다.

그러나 이들의 논리나 주3간은 이미 그 생명을 다한 감이 없지는 않으나 그 후 한국 역사 해석에 지대한 영향을 미쳤다는 사실을 부인할 수 없다. 또 이와는 다른 유액의 봉건사회 부정론자들이 있다.

즉 서양과 같은 형태의 전근대사회의 유형을 전혀 찾아볼 수 없으므로 봉건사회를 설정할 수 없다거나 또는 원시사회—노예사회—봉건사회—자본주의라는 시대구분 자체를 부정하는 논의들이다.

한편 조선 봉건사회 긍정론자들은 조선 봉건사회 부정론을 적극적으로 극복하면서 크게 두 가지 경향으로 분파되어 나타난다.

이러한 경향은 이른바 『토지국유논쟁』으로 나타나고 있는데 봉건적 토지 국유제 입장과 봉건적 토지 사유제 입장의 논쟁이 바로 그것이다. 이 논쟁의 시발은 Marx의 저작에 대한 해석을 둘러싸고 일어난 것이므로[6] 아직도 계속되고 있다. 그러나 이러한 논쟁의 첨예한 대립은 근대적인 소유의 개념을 가지고 봉건적 소유를 분절하는데서 오는 오류라고 생각한다. 따라서 이것은 봉건적 소유개념을 정확히 하면 어느 정도는 극복이 가능한 문제이다.[7]

이들 논의 중 특히 봉건적 토지국유론의 입장을 견지하면 당연히 정체적인 조선관에 이르게 되는 논리적 필연성을 내포하고, 이에 근거를 둔 한 논리적으로는 자생적인 자본주의맹아 문제를 의식할 수 없다는 주장에[8] 대해서는 반대의 생각이다. 왜냐하면, 이것은 역설적으로 말하면 봉건적 토지 사유론을 견지하는 한에서만 자본주의의 자생적 발전에 관한 문제의식을 내포할 수 있다는 설명이 되기 때문에다. 만일 이러한 주장이 옳다면 조선 후기의 역사 전개 과정 특히 비교적 단기간 내에 식민지로 전락해버린 사실을 어떻게 설명할 수 있는가 하는 점이 문제로 남는다. 즉 조선 후기에 자본주의적 발전이 상당히 이루어졌다면 당시 후진적

---

6) 주로 Marx의 『資本論』 第3部 第47章과 『資本制生產에 先行하는 諸形態』를 중심으로 이루어지고 있다. 자세한 것은 第2章 서술 참조.

7) 이러한 입양에서 한국 봉건사회의 토지 소유문제를 論한 것으로는 朴峻緖, 集權制의 經濟的 基礎, 『韓國經濟』 第9輯, 成均館大學校, 1981. 이 주목할 만하다.

8) 權寧旭, 朝鮮における資本主義萌芽論—北朝鮮史學界の動向を中心に—, 『思想』 No.510, 岩波書店, 1966. 12.

자본주의 국가였던 일본에 그리 쉽게 무릎을 꿇고 말았을까 하는 점에 대한 의문은 계속 남는다.

따라서 본고에서는 한국 봉건사회에 대한 설명은 이제까지의 토지 소유 논쟁만으로는 설명치 못하는 부분이 많이 남아있어 이 점을 어떻게 해결할 수 있을까 하는 점에 착안하여 공동체론의 도입을 시도하려고 한 것이다.

이제까지 공동체는 보통 근대사회의 대립 개념으로 자리 잡고 있었으나 최근에는 공동체가 단순한 근대의 대립 개념만이 아니라 적극적으로 공동체를 원점으로 하는 좌표 속에서 근대를 위치 지으려는 즉 공동체와 근대의 관계를 파악하려는 새로운 시도가 나타나고 있다.9)

이러한 전망을 함축하고 봉건 한국의 경제구조를 공동체론적 입장에서 접근해야 하는 이유는 다음과 같이 요약할 수 있다.

첫째, 공동체는 전근대 사회의 보편적 토대를 이루고 있으므로 공동체에 대한 이론적 재검토를 통해서 봉건 사회구조의 일반성과 특수성을 명백히 하고 전근대사회의 계기적 발전과정을 반성해야 한다. 이러한 과학적 접근의 선행을 전제로 봉건국가에 대한 본질적 분석에 접근할 수 있다.

둘째, 지금까지의 봉건 한국에 대한 많은 연구가 한결같이 노정하고 있는 특수적, 부분적 분석의 문제점을10) 어느 정도 극복해

9) 이러한 경향은 서구 중심의 사관을 축으로 이루어졌던 이제까지의 속양사에 대한 역사인식을 비판하고 있는 학자들을 중심으로 새롭게 나타나고 있다. 小谷汪之, 『共同體と近代』, 靑木書店, 1982. 참조.

10) 특수적·부분적 분석이라 함은 예를 들어 특정 산업, 특정 지역, 특정 시

보기 위한 시도로서 공동체론적 접근이 필요한 것이다. 이는 많은 연구자들이 그 필요성을 인정하면서도[11] 아직까지 본격적인 공동체론적 접근은 거의 보이지 않고 있다. 그러나 최근 들어 향촌 사회나 지방행정조직에 관한 연구들이 많이 보이고 있는 것은 공동체론적 접근 방법에 많은 시사점을 던져 주고 있다.[12]

셋째, 기본적으로 토지국유론의 입장을 보지하고 있는 필자의 최대 관심사는 비록 토지국유론이 정체론에 빠진다는 비판을 감수하더라도 봉건 한국이 어떠한 이행과정을 거쳐 근대화가 이루어지는가를 설명할 수 있는가 하는 문제이다. 그런데 근대화 과정은 자본축적 과정과 일치하는 것이며, 이는 공동체 해체 과정과 표리관계를 이루는 것이다. 즉 자본주의 사회의 성립은 주지하는 것처럼 공동체의 해체 과정을 통해 나타나는 여러 가지 현상들의 빈노동의 창출, 국지적 시장권 형성 등 이 그 계기를 이루는 것이

대, 특정 제도 등에 관한 사료 중심의 분석을 말하며, 이들의 분석 결과는 당연히 한계점을 노출할 수밖에 없는데도 불구하고 일반화를 시도하는 것은 스스로의 문제점을 露呈하는 것이다

11) 姜晋哲 교수는 "공동체 문제는 응당 어느 정도의 연구 성과가 나와 있어야 할 일인데도 불구하고 현재에 이르기까지 이에 관한 본격적인 연구가 거의 전혀 없는 실정이다. 앞으로 이 분야에 대한 활발한 연구를 기대한다"라고 하여 그 필요성을 강하게 인정하고 있다. 姜晋哲, 『韓國中世土地所有研究』, 一潮閣, 1989, p.380의 (註)50.

12) 주목할 만한 연구결과로서는 鄕村社會史研究會, 『조선 후기 향약 연구』, 民音社, 1990. 李樹健, 『朝鮮時代地方行政史』, 民音社, 1989 등이 있다. 그러나 이들 연구에는 아직 본격적인 공동체론적 접근이 이루어지고 있지는 않지만 앞으로 주목해야 할 부분임에 틀림없다. 한편 조선 후기 지방제도 연구를 정리한 것으로는 高錫珪, 조선 후기 지방제도 연구현황, 『韓國中世社會解體期의 諸問題(下)』, 1987. 한울, pp.267~293 참조

므로 자본주의 사회로의 이행과정에 대한 연구는 필연적으로 공동체에 대한 연구가 선행되어야 한다. 따라서 공동체에 대한 정확하고 과학적 분석이 전제되어야 자본의 원시적 축적 과정도 그 모습을 뚜렷이 부각시킬 수 있는 것이며 이러한 입장을 견지해야 역사적 조망도 가능하다는 이유에서이다.

그런데 공동체론적 접근 방법이 봉건 한국 사회구조를 분석하는데 유용한 것이라면 구체적으로 어떻게 접근해야 하는가 하는 것이 당연히 문제가 된다.

봉건사회에 대한 공동체론적 접근은 먼저 공동체 일반에 관한 이론적 검토가 이루어져야 한다. 이는 세계사의 발전 법칙을 어떻게 해석해야 하는가 하는 광범한 문제를 내포하고 있는 것이지만 근본적으로는 전근대사회 일반이 어떠한 과정을 거쳐 봉건적 형태로 이행하는가 하는 점과 Asia 사회가 어떠한 과정을 거쳐 봉건적 형태로 이행하는가 하는 점을 밝히기 위한 이론적 연구 사업이다. 이 점이 정확하게 밝혀져야 봉건 한국의 역사적 위치를 바르게 자리 잡을 수 있는 것이다. 다시 말하면 동양 봉건사회가 세계사적 발전단계와 얼마나 괴리하고 있는가의 여부 아니면 오히려 동양 봉건사회가 일반적인 서구 형태보다 더욱 강력한 권력 집중 현상을 노정하고 있는 전형적 형태인지의 여부 등이 밝혀져야 봉건 한국의 일반성과 특수성이 밝혀지게 된다.

또 동시에 농업공동체가 생활공동체로의 역할을 잘 나타내고 있는지와 토지 소유 관계, 경제적 부담, 공동체 규제 등이 농업공동체를 통해서 얼마만큼 공동체적 특징을 나타내고 있는지가 밝혀져야 한다. 이러한 과정을 통해서 농업공동체의 모습을 분명히 나타낼 수 있으면 이는 한국경제사 연구에 있어서 대단히 중요한 의미를 갖는다. 즉 자본주의 발전에 대한 인식이라는 점에서도, 더구나 한국경제사에서 봉건사회를 인정하면서도 왜 봉건사회를 인정할 수 있는지를 분명히 할 수 있다는 점에서도 대단히 중요한 의미가 있는 것이다.

더구나 이제까지의 많은 연구가 봉건사회를 인정하면서도 왜 봉건사회로 규정해야 하는가? 하는 근본적 질문에 충분한 답을 하지 못하고 있나는 점에 대한 반성에서도 공동체론적 접근은 매우 중요한 의미가 있다 하겠다.

한편 이제까지 한국 봉건사회의 공동체와 관련된 연구를 살펴보면 신서도 교수의 '두레공동체론'[13]과 김홍식 교수의 '동족 공동체론'[14]을 들 수 있다. 먼저 신 교수는 직접 생산자들의 공동노동조직으로서의 작업 공동체인 두레를 우리 민족의 고유한 공동체로서 인정할 수 있는 것이라는 주장을 하고 있다.[15] 물론 그의 연구는 두레에 관한 한 가장 체계적인 것이다. 이에 그의 논의를 정리해보면 다음과 같다.

그는 두레의 발생 초기부터 일제 말기까지 두레가 변천해 온 과정을 마을 내에서의 사회적 신분, 계급의 분화 정도와 공동노동

---

13) 愼鏞廈, 두레典同體와 農樂의 社會史, 『한국사회 연구2』 한길사, 1984, pp.11~53(I)
______, 두레共同體와 社會史, 『共同體理論』, 문학과 지성사, 1985, pp.211~264(II)
______, 두레와 농민문화, 『現代資本主義와 共同體理論』, 한길사, pp.436~501(III)

14) 金鴻極 『朝鮮時代封建社會의 基本構造』, 博英社, 1981, 第4章 촌락구조의 변화와 그 공동체적 성격—동족 공동체의 역사적 의의—참조.

15) 愼鏞廈, 前描論文(I), p.12.

을 해야 하는 두레 작업의 성격에 따라 다음과 같이 세 단계로 나누고 있다.[16)]

제1단계는 마을에 사회 신분이나 계급의 분화가 거의 없는 사회적 조건으로 마을의 모든 성년 성원들이 의무적으로 참가하는 두레이다. 이 단계의 두레는 농업 경작뿐만 아니라 수렵, 어로, 자연재해방지, 외적 침입방지 등 모든 작업에 사용된 것으로 보이며 대체로 마을의 공동이 해체되고 가족별 경작이 대두하는 촌락공동체 해체기에서 삼국시대까지의 시기가 이 단계에 해당한다.

제2단계는 마을 내에 사회 분신, 계급의 분화가 진전되어 귀족과 지주는 두레에 참여하지 않고 오직 평민과 생산 농민층만이 참하하던 두레이다. 이 단계의 두레는 논농사의 노동수요가 폭주하는 작업에 주로 사용되는 근정된 제도로 되었다. 대체로 통일신라 시대부터 조선조 말기까지가 이 단계에 해당한다.

제3단계는 일제 강점기의 두레로서 농촌에도 화폐경제가 침투하여 지배하고 일제의 식민지 정책의 영향을 심하게 받아 변질된 내용과 형태를 보이는 두레이다.

그는 이러한 단계 구분 위에서 두레의 변천 과정을 분석하면서 가족별 소경영의 끊임없는 발전은 제1단계 두레를 소멸시켜가는 과정이며, 논농사의 끊임없는 발전은 제2단계의 두레를 발생시키고 발전시켜 가는 과정이었다고 한다.[17)] 나아가 이러한 두 가지 다른 방향의 변화 동태가 농업경영지대의 분포에 있어서 전작지대에서는 두레를 소멸시켜 버리고 만작 지대에서는 제2단계의

16) 上揭論文, p.13~14

17) 愼鏞廈, 前揭論文, p. 15

두레를 성행케 한 동인이었다고 파악하고 있다.[18]

바로 이 제2단계의 두레가 봉건사회의 틀 속에서 행하여 진 것으로서 그 극성을 보인 때는 조선 후기인 것으로 파악하고 있다. 그러나 그이 연구는 이 제2단계에 해당하는 두레에 대한 분석을 주로 농악이라는 민속과 관련지어 진행하고 있어서 전근대사회의 일반적 토대로서의 공동체 분석과는 일정한 거리를 두고 있다. 물론 그의 연구가 독창적닌 것이기는 하지만 그의 연구를 한국 봉건사회의 구조를 분석하는 데에 적용하기는 미흡한 점이 있다.

즉 그의 단순한 작업 공동조직의 존재로서 두레를 강조하면서 공동체 일반에 대한—예를 들면 평등의 원리가 어떻게 관철되고 있나, 공동체 규제가 경제적으로 어떻게 작용하고 있나 하는 등의 측면—언급 없이 두레를 단정하고 있는데 적어도 두레를 공동체로 인정하려면 공동체 내에서 평등의 원리가 어떻게 유지 존속되고 있으며, 그를 위한 공동체 규제가 어떻게 작용하고 있는가 하는 점이 분명히 밝혀져야 한다.

이와는 전혀 다른 입장에서의 접근이 김홍식 교수의 연구이다. 그는 토성사족의 동족 집단을 하나의 공동체로 간주하여, 그들 동족 공동체가 하나의 지배 단체로서 지대 징수와 같은 착취 관계를 대행하면서 향촌 구성원의 불평등 신분질서를 존속시키기 위한 기능을 보지하고 있다는 사실에 주목하여 동족 공동체를 분석하고 있다.[19] 그에 따르면 이 동족 공동체가 지닌 생산적 기능으로는 공유지나 산림-수리시설의 공동 관리와 공동노동조직에 의

---

18) 上揭所.

19) 金鴻植, 前揭書, pp.158∼159.

한 일정한 경작강제 같은 것이 있다는 것이다. 그러나 이들 대부분의 경우는 모든 부문에 걸쳐서 전촌적으로 행해지는 것이 아니고 산림, 혹은 수리 등의 각 분야에 대해서 가부장제적 또는 동리의 공동조직이 주로 계와 같은 형태를 통해 대소 다양한 단위 조직으로서 중복해서 존재했고 때로는 전촌적 규모의 지역적 공동조직도 형성되는 특징을 보이고 있다는 것이다.[20] 따라서 동족 공동체는 그러한 재생산조직이 적절한 지역 범위에서 통합되는 한도 내에서 그들의 결집체로서 때로는 조정의 역할을 지니고 성립하는 것이라는 것이다.[21]

그의 동족 공동체론은 토성 집단을 중심으로 분석하는 독특한 면을 보이고 있다. 물론 그의 연구는 지나치게 중앙 관계의 중심세력에 대한 지향성을 지닌 토성사족의 입장을 고수하고 있으면서 그들이 확립한 자치적·정치적 기능 등의 면에서 봉건적이라고 할 수 있는 성질의 것으로 파악하고 있을 뿐이다. 특히 동일촌 내에 여러 성씨가 공존하고 있는 경우에 대한 언급은 전혀 이루어지고 있지 않다. 또한 토성사족이 지니는 사회적 신분은 대체로 향촌의 지배계급인 동시에 중앙에 진출하려는 집단으로 봐야 하므로 조선 봉건사회의 일반적 토대로서의 공동체로 인정하기는 어렵다고 생각한다. 또한, 이 연구도 앞의 신용하의 연구와 마찬가지로 공동체의 평등 원리에 관한 언급이 전혀 보이지 않는다는 점에서도 이론적 취약점이 있다.

이상과 같이 공동체와 관련된 연구들은 각기 그 독특한 점이

---

20) 上揭書, p.158.

21) 金鴻植, 前揭書, p.159.

있기는 하나 앞에 언급한 바와 같이 세계사의 일반적 발전 법칙 속에 한국 봉건사회를 위치 짓는다는 측면에서는 약간의 미흡한 감이 있다. 다시 말하면 이들 연구는 공동체 이론에 대한 충분한 검토 없이 공동체의 유형을 확정하고 있는 약점이 있다.

따라서 본고에서는 공동체의 유형을 확정하는 과정에서 가장 일반적으로 나타나고 있는 평등의 원리를 어떻게 규정할 수 있는가 하는 점에 초점을 맞추고자 한다. 특히 봉건사회를 규정하는 요소인 소독립 개별 경영을 규제하는 평등의 원리, 공동체 기능을 나타내는 공동체 규제의 형태를 찾아보고자 한다. 이러한 작업은 지배적으로 나타난 농업공동체의 형태를 확인하는데 매우 중요한 일이다.

Ⅱ

봉건사회의 기본 법칙과 한국 봉건사회

역사에 대한 과학적 인식은 인간의 의지나 지식과 관계없이 사회 발전에 대한 객관적 발전 법칙이 존재한다는 명제로부터 출발해야 한다. 이러한 인식에 심도를 더해주기 위해서는 먼저 사회 발전을 지배하고 있는 '경제법칙' 내지 '경제적 특질'을 정확하게 파악해야 한다. 이를 위해서 여러 가지 경제적 사회 구성의[1] 기본적 경제법칙의 의의를 강조할 필요가 있다. 각 경제적 사회 구성은 각기 고유한 경제법 애들이 존재하는데, 그중에서 다른 법칙들을 크게 규정하고 있는 하나의 기본 법칙이 있다. 이러한 기본 법칙의 파악이야말로 해당 사회 구성의 성격을 규정하는 요체인

1) 사회 구성체라고도 할 수 있으나, 이 용어법을 따르면 상부구조(정치적 구축물)와 하부구조(경제적 토대)의 통일체로 파악해야 하므로 사회 구성체는 생산 관계가 형성하는 역사적 산물이 된다. 그러나 아직 사회 구성체에 대한 개념이 명백히 정립되었다고 보기 어려워 경제적 사회 구성이라는 표현을 사용했다. 사회 구성체에 대한 자세한 논의는 星埜 惇, 『社會構成體移行論序說』, 未來社, 1969에 잘 整理되어 있다.

것이다.2) 따라서 본장에서는 봉건사회를 상통하고 있는 경제법칙 중에서 가장 기본적 법칙을 수출하여 이를 기초로 다른 역사적 범주와는 구별되는 경제사회 구성의 한 발전단계로서 봉건사회의 역사적 성격을 규정해 보고, 이러한 기본 법칙이 한국 봉건사회에서 어떻게 관철되고 있는 있는가를 분석하기 위한 이론적 검토를 시도하고자 한다.

있는 경제법칙 중에서 가장 기본적 법칙을 수출하여, 이를 기초로 다른 역사적 범주와는 구별되는 경제사회 구성의 한 발전단계로서 봉건사회의 역사적 성격을 규정해 보고, 이러한 기본 법칙이 한국 봉건사회에서 어떻게 관철되고 있는가를 분석하기 위한 이론적 검토를 시도하고자 한다.

또한, 이러한 일반적 규정을 통해 나타난 번본법칙이 동양 봉건사회에서는 어떻게 관통되고 있는가를 파악하여 한국 봉건사회의 특수성을 밝혀 보려 한다. 이는 결국 한국 봉건사회가 어떠한 모습을 보이고 있는가 하는 것을 파악하는 작업으로 집약되는데 이

---

2) 자본주의 경우를 예로 들면 자본주의의 기본적 경제법칙은 가치법칙 즉 상품생산의 법칙이라는 견해가 지배적이다. 그러나 이것을 구체적으로 말하면 잉여가치 법칙이어야 한다. 왜냐하면, 단순히 상품생산의 법칙이라고 하면 이것은 상품생산과 마찬가지로 자본주의 이전에도 또 그 이후에도 계속 존재하는 것이 되기 때문이다. 물론 상품생산은 자본주의 생산이 발전하는데 커다란 역할을 수행하고 있기는 하나, 이것이 자본주의적 생산의 본질이나 자본주의적 이윤의 기초를 규정하지는 못한다. 또한, 경쟁의 법칙이나 생산의 무정부성 원칙도 중요하기는 하지만 자본주의의 본질을 규정하는 것은 아니다. 따라서 자본주의의 기본적 경제법칙은 교환가치 생산을 통한 잉여가치의 법칙, 자본주의적 이윤의 발생과 증식 법칙이어야 한다.

는 공동체 확인 작업과 매우 밀접한 관련이 있다. 왜냐하면, 이것은 앞에서도 언급한 것처럼 공동체 연구의 궁극적 목적을 근대화 과정에 대한 관심에 두면 봉건제의 해체 과정은 곧바로 공동체 해체의 최종 국면이고 이는 동시에 자본의 원시적 축적 과정이므로 봉건사회의 보편적 토대로서 공동체를 확인하는 작업은 봉건사회를 분석하는 전제로서 선행되어야 할 작업이기 때문이다.

제1절 봉건사회의 기본 법칙

봉건사회를 어떤 역사적 범주로 규정할 것이냐에 대해서는 자본주의 이행과 관련하여 몇 가지 견해가 나타나 있다.[3] 특히 똑같이 Marx 주의 입장을 따르더라도 각기 강조하는 점에 따라 조금씩 다르다. 예를 들면 계급투쟁론[4] 정치적·경제적 측면의 통합[5], 세계체제론[6] 등으로 구분되고 또 다른 측면에서는 구조 이론과 역사이론을 구별하느냐 않느냐에 따라 입장이 나뉜다.[7] 이

---

3) 이에 대한 정리는 다음의 것을 참조하라.
John E. Martin, Feudalism to Capitalism—Peasant and Landlord m English Agrarian Development-, Humanities Press, 1983. 특히 PART I.

4) M. Dobb, R. Hilton, R. Brener등이 代表的인 主張者들이다.

5) P.Anderson, Lineages of Absolutist State, London, New Left Books, 1974, 특히 APPENDIX 및 Passages from Antiquily to Feudalism, London, New Left Books, 1974. 특히 pp.147～153 참조.

6) I. Wallerstein의 견해가 대표적이다. 그의 대표적 저작으로는 I. Wallerstein, The Modern World-System I: Capitalist Agriculture and the Origins of the European World Economy in Sixteenth Century, N.Y. 1974가 있다.

처럼 다양한 논의가 전개될 수밖에 없는 것은 Marx의 주장을 어떻게 이해하여야 하는 문제와 깊은 관계가 있다. 그러나 그 어떠한 이해도 공통으로 Marx의 자본주의적 발전에 대한 여러 설명 중 한 가지 측면만을 강조하고, 그것으로 모든 사회형태에 대한 이론 모델로 사용하려는 잘못을 범하고 있는 것도 또한 사실이다.[8] 특히 실증적 연구 성과를 감안하면 한두 가지 요인으로는 설명할 수 없는 경우가 많다.

따라서 앞에서 언급한 여러 입장의 통합 내지는 절충의 경로가 이루어져야 봉건사회 전체상을 구축할 수 있게 된다. 특히. 비서구사회의 역사를 검토·분석하는 경우에는 더욱 그러하다. 왜냐하면, 이제까지의 세계사의 기본 법칙이라는 것은 서구중심으로 이루어진 추상적 차원의 것이기 때문이다. 그런데 이러한 세계사의 기본 법칙이 모든 민족이나 모든 지역에서 그대로 관철되어 나타나고 있는 것은 아니다. 그렇지만 비서구사회의 역사를 분석하는

---

7) 구조론자의 대표적 주장은 B. Hindess & P. Q. Hirst, Pre-Capitalist Modes of Production, London, RKP, 1975가 있다. 한편 日本의 연구자들 중에 구조이론=력사적발전이론이라는 입장에 서있는 사람은 鹽澤君夫나 芝原拓自 같은 사람이 있다. 이에 반해 구조 이론≠력사적전개이론의 입장을 보이고 있는 사람은 松尾太節 같은 이가 있다.

8) Marx의 자본주의 이론은 경제적 추상이기는 하나 대부분의 자본주의적 발전과정을 성공적으로 예언했음은 인정한다. 그렇지만 실제적 역사 변화는 Marx의 자본주의 이론 상당 부분을 시대에 뒤떨어진 것으로 만들었다. 물론 Marx 자신 이 자기 이론이 모든 사회에 적용할 수 있다고 믿었는지는 알 수 없다. 다만 자본주의에 대한 Marx의 구체적인 역사적 서술은 경쟁적 자본주의(또는 산업 자본주의 내지는 자유 자본주의)라는 특수적 형태를 대상으로 한 것임이 틀림없다. 따라서 이러한 한계를 고려하면 일부분의 전체화는 분명한 오류라고 할 수 있다.

경우에 그 기준으로 이용은 할 수 있다고 생각한다. 따라서 이와 관련해서 Marx의 발전단계설9)은 다음과 같이 이해할 수 있다.

첫째, Marx의 발전단계설은 서구사회가 자본주의로 접근해가는 커다란 역사 흐름에 대한 이념적 제단계 구조 이론으로 이해해야 한다. 왜냐하면, 이것은 여러 가지 사상으로부터 귀납하여 평균상으로서 제범주를 구성하는 입장과는10) 달리 현대세계에서 가장 큰 영향력을 가진 자본주의 체제를 초래한 근대서구 문화나 그 앞 단계로서 고대오리엔트 문화, 고전고대 문화, 중세서화의 중심지역에 존재했던 사회의 사실을 소재로 하여 역사 사상의 개성을 인식하기 위한 근본 준거를 제공하는 제이념형을 구축하려고 한 것이기 때문이다.

둘째, Marx의 발전단계설은 제단계에 대한 '구조 이론'으로 이해해야 하고 '역사적 발전 이론=단계 이행론'과는 구별해야만 한다.11) 구조 이론은 제단계의 역사성을 명백히 밝힘에 따라 제단계 발생의 가능성을 나타내지만, 단계 내의 발전 형태 내지 단계

---

9) Marx의 발전단계설에 관한 단서적 규정은 『經濟學批判』 서언에 있는 다음 구절이다.
"크게 보아 경제적 사회 구성이 진보해가는 단계로서(Progressive Epochen) Asia적, 고대적, 봉건적 및 근대부르주아적 생산양식을 들 수 있다" カル·マルクス, 武田隆外譯, 『經濟學批判』, 岩波書店 1956, p.14.

10) 예를 들면 英國資本主義, 獨逸安本主義, 日本資本主義 등의 개별 사상으로부터 귀납한 平均像으로서의 자본주의라는 개념을 형성하려는 입장같은 것들이다.

11) Marx의 발전단계설을 구조 이론으로 이해하려는 의도는 추상적인 기초범주로부터 출발하여 복잡하고 보다 구체적인 범주구성으로 진행하는 소위 상향적 방법이라는 Marx의 경제학 방법론을 고려한 것이다.

이행을 구조 이론으로 곧바로 이해할 수는 없다. 왜냐하면, 구조 이론을 단계 이행 이론으로 이해하려면 적어도 다음과 같은 매개항이 필요하기 때문이다.

첫째, 구조 이론이 명백히 밝히고 있는 구조체로서의 신구 두 가지 생산양식이 동시에 존재하고 적대하고 있음을 상정해야만 한다.

둘째, 구생산양식 측으로부터의 반격을 견디어 내고 새로운 생산양식 이 구조체로서 발전하여 구생산양식을 압도할 수 있는 조건을 이론적으로 확정해야 한다.

셋째, 신구생산양식의 동시적 존재로부터 신생산양식의 전개가 활발하게 되어, 사회적으로 새로운 생산양식의 존재가 압도적인 비중을 점하고 있다는 사실이 인정되어야 한다.

이러한 과정을 거쳐야 비로소 가장 추상적인 이론 수준에서 '단계 이행론'을 구축할 수 있는 것이다. 이하에서 위와 같은 입장에서 봉건 사회에 대한 일반적 개념을 살펴보기로 하자.

1. 공동체론과 봉건사회 구조분석을 위한 단서 범주

공동체론이 전자본주의적 생산 양식론에서 점하는 위치는 자본주의적 생산 양식론에서 그 기초규정을 음미한 상품론, 구체적으로는 『자본론』 제1부 제1편 상품과 화폐에 비견할 만한 것이다. 이 점은 대총구웅 교수가 일찍이 지적한 바 있다.[12] 즉 『자본론』

12) 大塚久雄, 『共同體の基礎理論』, 大塚久雄著作集 第7卷, 岩波書店, 1969,

제1부 제3편 이하에서는 제1편에서 명백하게 규정한 기초규정—상품가치규정—이 자본주의 하의 생산력 구조 및 계급관계를 포함하는 생산 관계를 해명하고 있는 것처럼 『자본론』 제1부 제1편에 대비되는 '공동체론'은 단순히 생산 관계만을 명백히 밝히는 아니고 생산력과 생산 관계 쌍방을 규정하는 기초 규정을 해명하는 것이 과제이다. 따라서 봉건사회 분석에 관한 이론도 Marx가 말하는 '추상적인 것으로부터 구체적인 것으로 상향하는 방법'에서있는 이상, 이론 전개는 '단지 구체적인 것을 자신의 것으로 하기 위해 그것을 정신을 통해 구체적인 것으로 재생산하기 위한 사고에 불과하다'는 것이며 '결코 구체적인 것 그 자체의 성립 과정은 아니다'라는[13] 입장을 견지해야 한다. 이러한 입장에서 봉건사회 구조분석을 위한 단서 규정을 보자.

먼저 「사회적 부의 형태」에 대해서 살펴보면 전부르주아적 관계에 서는 '자연적 개인-자연적 존재'로서 노동하는 주체에 대해 노동 제1의 객관적 조건은 자연 즉 대지이며 그것은 사람에 있어비 유기체적 육체로서 나타나므로[14] 이때 일상적 의식에 대해 「사회적 부」로 나타나는 것은 당연히 토지이다. 봉건사회도 전근대적 사회인 이상 사회적 부의 형태는 토지이다.

문제는 이러한 토지를 규정할 때 어떠한 시각을 가져야 하느냐

---

p.8.

13) カル·マルクス, 武田隆夫外譯, 『經濟學批判序說』, 岩波書店, 1956, p.313.

14) E. J. Hobsbawm, 市川泰治郎譯, 『共同體の經濟構造』, 未来社, 1969, p.128. 原本은 K.Marx, Pre-Capitalist Economic Formations with an Introduction by E. J. Hobsbawm, International Publishers N.Y., 1964임.

하는 것인데 이는 "종족 공동사회, 자연적 공동체는 토양의 공동(일시적인) 영유·이용의 결과가 아니고, 그 선행조건을 이루는 것이다.[15] 혹은 "인간은 역사과정을 통해서 비로소 개별화된다."[16]라고 하는 Marx 역사관의 기본시각이 바로 그것이다.

따라서 봉건사회가 전근대사회의 한 유형인 이상 대체로 봉건사회의 「부의 기본 형태」는 토지에 대한 '공동체적 점취'와 '사적 점취'의 특수 관계를 확정함에 의해 설정된다고 할 수 있다. 특히 이 점에 대해서는 Marx의 다음 문장이 시사적이다.

"Asia적(적어도 압도적으로 Asia적인) 형태에서는 소유는 존재하지 않고 개인적 점유가 있을 뿐이다.....고대에서는(고전적 예로서는 Rome) 토지의 국가 소유와 사유의 대립 형태가 있으며...... Ger-man적 형태에서는...··공동소유는 개별적으로 대대로 주거와 토지 영유에 첨부된 공동체적 부속물이다."[17]

위문장에서 알 수 있는 것처럼 본원적 소유의 German적 형태(=봉건적 공동체)가 토지에 대한 사적 점취와 공동 점취의 '고유한 이원성'의 존재라는 측면에서 Asia적 단계를 체현하고 있음이 명백해진다. 즉 사적 점취가 공동체적 점취 속에 매몰된 Asia적 공동체, 공동체적 점취가 사적 점취와 대립적 형태에 있는 고전고대적 공동체라는 이념적 공동체 다음에 위치하는 것, 다시 말하면 토지의 공동체적 점취가 사적 점취의 부속물로서 나타나는 단계를 봉건적 공동체로 표현하고 있다. 그러므로 봉건제 분석의 단서

---

15) 上掲書, p.107.

16) 上掲書, p.141.

17) 上掲書, pp.120~121.

범주는 「토지」가 되는 것이 당연하다.[18)]

따라서 봉건사회 분석은 공동점취가 사적 점취의 부속물로서 규정된 토지를 단서규정으로 하여 다음과 같은 구성으로 전개할 수 있다.[19)]

(1) 단독인 것으로서의 「토지」 분석
(2) 토지에 대한 사회적 규정성의 해명
(3) 소외일사회적 의식형태론
(4) 토지를 둘러싼 사회적 규범관계 분석
(5) 끝으로 부의 일반적 형태로 사회적 규정을 받는 토지 즉 공동체의 기능이 문제가 된다.

諸個人의 노동 투하와 욕망 충족과의 관련해서 보면 토지의 사적 점취는 사적 노동이 대상화된 것이며, 욕망 충족은 직접적이다. 이에 반해 공동체적 점취는 공동체적 노동이 대상화된 것이며 諸個人의 욕망 충족은 공동체적 관계에 매개되어야 비로소 달성된다. 그러므로 사적 점취는 諸個人의 자립성을 기초로 하는 것임에 대해 공동체적 점취는 공동체적 관계에 의존을 근거로 하고 있다. 이러한 의미에서 이 두 가지 계기는 하나의 모순을 형성하고 있음이 명백한데, 이 모순이 해결되어야 비로소 토지가 부의 일반적 형태로 될 수 있다. 이러한 과정은 토지의 일반적 성격에 제약받고 공동체적인 사회적 실체에 의한 규제로서 나타나는 것

18) 이에 대한 理論的 說明은 松尾太郎, 封建的生産様式論と『資本論』の構成, 『經濟志林』, 第45巻 第1號, 1977. 을 참조.

19) 松尾太郎, 上揭論文, p.15 以下를 참조한 것임.

임이 틀림없다.

다음은 토지에 대한 사회적 규정 형태를 살펴보자. 먼저 간단한 형태를 보면 사적 점취의 자연 발생적 불균등이 상정되므로 공동체 규제에 의해 사적 점취가 균등화될 때 비로소 개별 노동의 사회화는 안정적 형태를 취할 수 있다. 사적 점취가 공동점취에 우월한 봉건적 공동체의 경우, 공동체에 유래하는 '실질적 평등 원리'에 대신하여 개인주의적 원리로서 '형식적 평등 원리'가 공동체 규제를 관통할 것이다.[20] 이것의 전개된 형태를 보면 총체의 개별에 대한 규정성은 총체 레벨에서 균등화의 강제로서 다시 말하면 총체의 공동체적 성격에 규정된 공동체규제로 나타나는 것이 명백하다. 사적 점취가 공동점취에 대해 우월한 봉건제의 경우, 이 총체 레벨의 강제는 공동체적 규제를 전제로 한 개인주의적 과정의 총체로서 나타날 것이다. 끝으로 일반적 형태 즉 이상에서 밝혀진 기본적 성격과 사회적 규정을 받는 개별 노동의 총체적 관련을 보면, 불균등한 사적 점취의 균등화 과정이 평등화 체계로서 안정적인·사회적 형태를 초래하는 것이 분명하다. 이렇게 귀결된 개별 노동이 직접적으로 공동적으로 사회화된 구성이 바로 '공동체'임에 틀림없다. 사적 점취가 공동점취보다 우월한 봉건적 공동체는 전통주의적 구조 하에서 諸個別 노동의 통일이

20) 소위 大塚久雄流의 설명이다. 그러나 최근에는 大塚의 이러한 주장은 그의 방법이 겉으로는 Marx를 실질적으로는 Max Weber의 논리를 따른 결과로 나타난 것으로 史實과는 다르다는 비판이 제기되어 있기는 하지만 아직은 大塚流의 설명방법이 전반적으로 보아 일관성이 있다고 생각한다(大塚批判에 대해서는 小谷汪之, 『共同體と近代』, 青木書店, 1982 참조).

라는 형태를 취하게 된다. Marx가 본원적 토지 소유의 German적 형태—결국 봉건적 공동체—에 대해 다음과 같이 서술하고 있는 것은 이러한 관련을 지적한 것이다.

> "German인 사이에서는 가족의 수장은 각기 서로 멀리 떨어져 살고 있으며, 밖에서 보는 것만으로도 공동체는 구성원이 때마다 하나로 되는(연합) 경우에만 존재하고 항상 공동체 같은 존재를 나타내지는 않는다. 다만 통일성은 그것과는 관계없이 혈통 · 언어. 공통의 과거와 역사 등등 속에 내재하고 있는 것이다." 21)

이것으로부터 알 수 있는 것처럼 고전 고대적 공동체가 연합체 형태를 띤 국가로서의 정치단체로 존재했던 것에 비해 봉건적 공동체는 연합으로서 즉 자립적 주체의 상호 관계로서 나타난다는 점에서 그 단계적 변화가 있었음을 알 수 있다.22)

이러한 단계적 변화는 공동체 규제가 전제로 하는 공동체의 응집력 때문에 빚어내는 것이지만 내부경제와 외부경제의 이중구조 측면에서도 봉건적 공동체는 고전 고대적 공동체 경우와는 다른 양상을 보이고 있다. 즉 후자는 일종의 자립적 유기체로서 나타나므로 그곳에서 내부경제와 외부경제의 분열도 극히 철저한 것으로 나타나고 있다.23) 이에 대해 자립적 주체의 연합으로 나타나

---

21) E.J.Hobsbawm, 市川泰治郎譯, 前揭書, p.119.

22) 上揭書, pp.119∼122 참조.

23) 그 근거는 고전 고대적 공동체의 구성이 공동체적 규제의 원생적 성격에 규정을 받아 윤리의 이중구조를 수반하는데 있다. 즉 평등주의를 표방하는 내부 윤리와는 별도로 공동체외부에 있는 사람들에 대해서는 그들을 잠재적인 적으로 처우하는 외부 윤리를 발달시킨다는 것이다. 따라

는 봉건적 공동체 경우는 내부경제에 외부 경제적 요소를 집어넣을 수 있는 것은 개인주의적 공동체 규제를 매개함에 의해 가능하게 된 것이다.[24)]

이상과 같은 기저적 사회관계는 어떠한 소외와 그것을 매개로 한 사회적 의식형태를 만들어 내는 것일까? 공동체 규제는 그 자연 발생적 성격 때문에– 즉 그것은 개인적 노동력을 스스로 의식하여 하나의 사회적 노동력으로서 지출하는 자유로운 사람들의 결합체는 아니기 때문에[25)]– 諸個人의 경우 소외된 것으로 나타난다. 따라서 '사회적 의식형태'는 부의 기본형태가 토지인 이상 '토지카리스마'에 의한 주술적 긴박으로 나타난다.

봉건적 생산양식에 한해서 말하면 공동체 범위를 전제로 한 개인주의적 과정으로 나타난 공동체 규제가 각기 개인에 대한 강제로서 나타나는 것이다. 이로부터 발생하는 사회적 의식형태는 개인주의적으로 내면화된 동기를 토지 카리스마가 서술적으로 긴박하는 형태를 취한다. 바꾸어 말하면, 고전 고대적 생산양식 하에

서 奴隷主와 노관계는 고전 고대적 공동체에 특유한 외부 윤리에 의해 매개되는 것이다. 물론 이러한 것은 고전 고대적 소유 규범의 특질로부터 유래하는 것임은 두말할 필요도 없다.

24) German적 공동체 에서 토지의 공동점취 및 구성원의 사적 활동에 대한 공동체 규제의 주체는 부족적 혈연 조직이나 도시적 전투조직이 아니고 토지점취의 隣人集團인 「촌락」으로 되어 있다. 예를 들면 Lex Salica라는 법전에 외래자를 촌민=공동체 구성원으로 승인하는 경우 隣人들 전원 일치의 합의가 필요하게 되어 있다.

25) マルクス=エンケルス全集刊行委員會譯, 『カル·マルクス資本論』(合本版), 第1部 第1篇 第1章 商品, 大月書店, 1982, p.105(以下 『資本論』으로 引用함).

서는 공동체 일원으로서 자기 자신의 재생산을 극히 강한 귀족적 심술을 가지고 추구하는 데에 반해 봉건적 생산양식 하에서는 '전체의 개체에 대한 우월'이라는 사상적 구 조속에서 개인주의적 이해를 추구하는 것이다.26)

따라서 개별과 전체의 대립이 현재화하지 않는 고전고대의 경우는 개별의 전체적 합일을 목표로 하는 「정치」가, 개별이 자립을 달성한 근대에서는 개별 상호 관계로서의 「경제」가 주역을 이루고 있음에 반해 중세에서는 개인주의적으로 내면화된 전체에 대한 개별적 종속사상 즉 「카톨릭 신앙」이 그 주역을 담당하고 있는 것이다.27)

'원려의 덕'을 수반하면서도 부의 축적으로 몰아대는 '자립한 주체' 로서의 토지점취자는 권리의 상호 승인을 통해 사회규범을 만든다. 이때, 인격으로서의 주체가 성립하고 있기 때문에 공동체 성원의 수요 나 생산능력 위에서 사회적 힘의 강약이나 부의 차이와 관계없는 법적 권리가 성립한다. 즉 경제적 이해를 제압하는 보다 근원적 지배질서로서의 법적 관계—공동체 성원의 평등한 권리—가 확립한다. 그러나 반면에 원려의 덕에 의해 사적 권리의식에 가해진 제약은 법과 도덕이 하나의 전통적 정의 감정 속으

---

26) T.Aquinas에 따르면 한 쪽에서는 '神의 像'으로서 諸個人의 인격을 인정하면 서 다른 한 쪽에서는 完全한 '공동체 부분으로서 인간'은 불완전한 것이 완전한 것으로 질서 잡는 것이라고 설명하고 있다. 따라서 '遠慮의 德'(Prudentia)이라는 윤리에 따라 전체에 대한 개별 종속을 의식하면서도 전체=신을 위해 계속 살아가기 위한 물질적 기초의 축적을 개인주의적으로 추구하는 것이 된다(松尾太郎, 前揭論文, pp.18~19 참조).

27) カル·マルクス, 『資本論』 第1部, pp.109~110에 있는(註33)의 서술을 참조.

로 융합 혹은 권리에 대한 단체적 질서의 우선이라는 근대적 규범 체계 속에서 보이지 않는 규범의식을 만들고 있다는 것을 잊어서는 안 된다. 그리고 대내 윤리에 있어서 개인주의의 천두는 대외 윤리 측에서 상대에 대한 적대감을 완화해서 공동체 성원의 합의를 근거로 하여 외래자가 공동체 성원으로 되는 길을 열어주고 있었다.[28)]

어쨌는 이와 같은 봉건적 생산양식에 특유한 사회규범의 위상은 소유 규범의 형태를 규정하므로 봉건적 생산양식에서 부의 기본형태인 토지의 소유 규범 관계를 살펴봄으로써 봉건사회의 구조분석을 위한 실마리로 삼고자 하는 것이다.

봉건적 생산양식에 있어 諸個人의 토지 소유권은 일면에서 사적 권리로서, 환언하면 개별적 생산노동에 의한 생산물의 개별적 취득을 허용하고 보장하는 권리로서 나타난다. 이러한 의미에서 경지에 대한 사적 권리가 인정되고 있는 것은 개별적인 영속적 점취와 용익이 인정되고 있는 것으로도 분명하다. 공동지에 대해서도 경지에 종속하는 것으로서 『지분』이[29)] 규정되어 있다. 확실히 경지에 대한 경작강제 또는 공동지에 대한 공동지용익규제가

---

28) 大塚久雄, 前揭書, p.83.

29) 본래 「지분」의 내용은 형식적 평등 원리에 의해 획일적인 면적의 경작지와 이것을 기준으로 하는 농촌 생활에서의 여러 가지 권리를 포함하고 있다. 즉 ① 일정 규모의 경지를 할당받을 권리 및 경작 후 공동 방목권 ② 공동지에서의 권리인 목초 채취권, 연료·목재 및 토석 채취권, 수렵권 등 ③ 庄宅의 장원수공업 시설 이용권 등을 내용으로 한 것이다. 以上에서 알 수 있는 것처럼 공동지에 대한 권리에 종속해서 나타나는 것이다.

존재했지만, 그것은 적어도 공동체 내부에 관한 한, 개개 구성원의 사적 권리 내지 그 집합 이외에 다른 독립한 것으로서 공동체 권리를 관념화할 여지도 필요도 없었던 것이다. 다만 공동체 구성원들은 공동체 구성원이기 때문에 상호 구속되어 있고, 그 결과 이러한 인간관계와 불가분한 소유 관계에서도 그들은 상호 구속되어 있는 것에 불과한 것으로[30] 나타난다. 여기에서 지적한 '공동체 구성원간의 상호 구속'이 토지 규범 상에 반영된 것이 '중세적 Gewere'라고 불리는 봉건적 토지 소유 규범의 특질이다.

한 쪽에서는 실질적인 사실적 지배로부터 이미 물권으로서 성장했음에도 불구하고 동시에 항상 현실적인 지배와 불가분하게 결합한 소유권이라는 중세적 Gewere의 특질은 공동체적 구조 하에서 사적 권리의 상호 승인이 만들어 낸 것임이 틀림없다. 바꾸어 말하면 공동체규제에 따르는 토지이용을 그대로 두고서 토지소유를 실현할 수 없는 상황에서 사적 권리가 발현된 것이었다. 즉 한편에서는 사적 권리성에 유래하는 Gewere의 관념화가 발생하면서도 다른 한 편에서는 공동체 규제의 현실적 성격이 소유권의 관념화를 억지한 것이다.

어쨌든 봉건적 공동체는 규범 체계로서 규정할 수 있다. 규범체계가 諸個人의 자연 발생적인 행위의 결과 나타나는 것이라는 것은 그것이 의식적 개인적 행위와 관계없는 것임에도 불구하고 諸個人의 행위를 규제하고 있음을 보여주는 것이다. 여기에 개인의 노동을 장악하는 것이 공동체를 장악하는 것으로 통하는 근거

30) 川島武宜, 『ゲルマン的共同體』における『形式的平等性』の原理について, 『國民經濟の諸類型』, 岩波書店, 1968, p.790.

가 있다. 그러므로 공동체를 장악하려는 충동이 사회적 규모에서 발생하는 것이고, 봉건적 생산양식의 경우 공동체 장악은 봉건적 공동체가 체현한 규범 체계가 보이는 사적 권리 관계라는 특질 때문에 곧바로 재판권의 장악이라는 구체적 형태를 취하는 것이다.

따라서 이상에서 규정한 봉건사회 구조분석을 위한 단서규정으로서 「토지」를 중심으로 토지 소유에 관한 특질, 경제외적 강제, 잉여노동의 수취 형태들에 관해 살펴보자.

2. 봉건적 토지 소유의 특질

종래의 봉건적 토지 소유에 관한 규정을 보면 "봉건적 생산 관계의 기초는 봉건영주가 생산수단을 소유하고 생산 종사자인 농노를 불완전하게 소유하고 있는 동시에 생산용구와 자신의 사적 경영에 대한 농민과 수공업자의 개인적 소유 즉 자신의 노동에 기초한 개인적 소유가 존재한다"든가 또는 "봉건적 생산 관계 하에는 두 가지 형태의 소유가 즉 봉건영주 토지 소유자의 비근로적 소유와 농노—농민과 수공한자—의 근로적, 소유의 적대관계가 나타난다"라는 것으로 되어 있는데, 이러한 규정 등은 봉건적 토지 소유의 본질을 극히 간략하게 표현하고 있을 뿐이다. 이를 자세히 검토하면 봉건적 토지 소유의 본질에 대한 접근이 가능하게 된다.

첫째, 봉건적 토지 소유의 기초는 무엇일까? 즉 그 소유의 객체적 대상은 무엇인가 하는 것이 밝혀져야 한다. 앞에서 언급한 것처럼 직접생산자인 농노는 생산용구와 자신의 사적 경영에 대해 자신의 노동에 근거한 개인적 소유 혹은 근로적 소유의 권리를 갖고 있다. 이것을 소농민경영의 입장에서 보면 가족노동력 재생산에 필요한 생활 유지수단을 획득하기 위해 그들이 실제로 토지를 이용하고 자신들의 노동으로 현실적 지배를 하는데 기인하는 권리라고 할 수 있다. 다시 말하면 이것은 봉건적 토지 소유의 경우 직접생산자와 생산수단의 결합을 전제하고 있음을 의미하는 것이다. 또 봉건영주의 비근로적 소유는 자신의 노동에 근거한 이용·용익은 아니지만 군사력 장악을 통한 신분적·현상적 지배에 의한 구체적 용익—예를 들면 봉건지대 및 기타 봉건공조 등의 수취—을 형수한다. 그러므로 직접생산자에 대해서는 물론 봉건영주의 경우를 포함해 봉건적 토지 소유의 기초는 토지의 현실적 이용·용익의 사실이며 이런 의미에서 Gewere(토지 보유 또는 토지 보유권)라고[31)]할 수 있다.

둘째, 봉건적 토지 소유의 형태 문제이다. 앞에서 살펴본 것처

31) Gewere는 물건에 대한 사실상의 지배인 단순한 점유가 아닌 그 지배를 정당화시켜주는 법률상 권리인 본권이 추정되는 점유를 말하며, 이것은 물건에 대한 사실적 지배를 사실적 측면에서만 포착하는 Rome 法의 Possessio와는 구별되는 개념이다. 따라서 법리론적으로 Rome 法에서는 배타적 점유로써 이중의 점유를 인정하지 않으나 German 法에서는 중첩적 점유 (mehrface Gewere)를 인정한다. 즉 토지경작자는 직접 Gewere를 가진다는 것이다. 그런데 이 兩者間에는 優劣·強弱의 차이가 있어 간접 Gewere는 직접 Gewere에 우선하므로 전자를 상급 자유Gewere, 후자를 하급 제한 Gewere라고 한다. 害圭昌增補 玄勝鍾著, 『增補版 게르만法』, 博英社, 1989, pp.295∼304 및 黃迪仁, 『로마法西洋法制史』, 博英社, 1990. pp.201∼202. 참조.
따라서 근대적 의미의 토지 소유와는 구별되는 것이므로 이하에서는 Gewere를 '土地保有' 또는 '토지 보유권'이라고 사용하겠다.

럼 봉건적 토지 소유의 경우, 봉건영주의 소유와 함께 직접생산자의 개인적 소유가 존재하거나 혹은 두 가지 소유 형태가 적대적으로 존재하고 있다. 즉 동일 토지에 대해 두 가지의 대항적 소유 형태가 겹쳐 있는데, 이것이 바로 상급 소유와 하급 소유이며 상급소유도 여러 가지 형태로 중층적 구조를 이루고 있는 것이다. 이렇게 보면 봉건제하에서는 토지의 '사유'는 존재하지 않고 모든 토지 소유는 계층적 토지 보유라는 형태를 갖추고 있을 뿐이다.

셋째, 봉건적 토지 소유의 소유 실현방식 문제이다. 봉건적 토지 소유가 직접생산자의 토지사용—근로적 소유—을 기초로 하고 있는 한, 봉건적 토지 소유의 실현과 재생산=지대수취는 경제외적 강제에 의존할 수밖에 없다. 왜냐하면, 봉건영주는 생산에 종사하는 농노를 불완전하게 소유하고 있고 이것이 바로 지대 수취의 매개 계기가 되기 때문이다. 노예의 경우 그들의 인격은 완전하게 노예 소유자에 의해 소유되고, 자본제생산의 경우 노동력은 인격과 완전하게 분리되어 있으므로 잉여노동의 수취는 노동력의 매매 관계=계약관계를 기초로 가치법칙을 매개로 이루어진다. 이에 비해 봉건제의 경우 직접생산자는 그 토지이용에 있어 일정한 정도의 주체성을 확립하고 있고, 노예처럼 완전하게 전인격을 소유 당하고 있는 것은 아니며 또한 생산수단을 점유하고 있으므로 노동은 인격과 완전하게 분리되지는 않는다. 즉 노동에 대한 지배는 인격에 대한 불완전한 소유를 수반하게 되며 이를 매개로 소유 관계는 직접적인 지배·예속 관계로 나타난다. 따라서 이 경우 본래의 토지 보유는 상급 토지 보유인 지대 수취권과 하급 토지 보유인 토지용익권으로 분열하고 양자는 동일한 토지에 대해 대항적 용익=권리가 되어 상급 소유와 하급 소유로 나타나게 된다.

이와 같이 봉건적 토지 소유 관계에서 기본적 규정은 말할 것도 없이 봉건영주의 비근로적 소유와 직접생산자의 근로적 소유 간의 대항이며 이는 계층적 편성 구조를 갖추고 있다.

끝으로 문제가 되는 것은 봉건적 토지 소유의 소유 실현 방식이다. 봉건적 토지 소유가 직접생산자의 토지사용 즉 근로적 소유를 기초로 하고 있는 한, 봉건적 토지 소유의 실현과 재생산=지대수취는 '경제외적 강제'에 의존할 수밖에 없게 된다.

3. 경제외적 강제

앞에서 살펴본 것처럼 봉건적 토지 소유는 생산수단에 대한 소유와 동시에 농노에 대한 불완전한 소유를 포함하며, 물적인 토지 지배와 인적인 정치적·권력적 지배가 직접적으로 결합하고 있는 것이 특징이다. 직접생산자가 자신의 생활 유지 수단의 생산을 위해 필요한 생산수단 및 노동조건의 점유자인 한, 소유 관계는 동시에 직접적인 지배·예속 관계로 나타날 수밖에 없다. 그리고 봉건적 토지 소유자는 이러한 인격적 지배·예속 관계를 통해서 직접생산자로부터 봉건지대를 강제적으로 수취하게 되며, 이러한 지대 창출 과정에서의 강제를 경제외적 강제라 한다.

경제외적 강제에 대한 접근은 공동체론에서 명백히 하고 있는 공동체 규제, 사회적 의식형태, 소유 규범, 치부 충동 등의 기초 규정에[32] 적합한 잉여노동의 착취가 일반화되는—봉건지대가 창

32) 松尾敎授는 전자본주의 사회 분석을 위해서 『資本論』 구성의 이론수준·

출되는 과정—형태를 음미함으로써 봉건사회의 특질 해명에 대해 보다 본질적인 접근을 가능하게 해준다.

먼저 봉건적 생산양식 하에서 치부 충동의 특질을 확인하여 보자. 이것은 전체의 물질적 기초 확충에 대해 『원려의 덕』에 물든 개인주의적 추구라는 형태를 취한다. 이러한 치부 충동을 봉건영주가 달성하기 위해서는 공동체를 장악해야만 한다. 왜냐하면, 착취가 사회적으로 일반화된 형태를 취하기 위해서는 노동의 사회화에 대한 일반적 형태 즉 '부의 일반적 형태' 장악이 전제로 될 수밖에 없기 때문이다.

그러면 봉건영주의 공동체 장악은 어떠한 형태를 취하는 것일까? 영주에 의한 공동체 장악은 공동체 집회에 참여하고 그것을 통괄하는 외에는 방법이 없다. 왜냐하면, 규범 체계로 본 경우, 이미 명백히 한 것처럼 토지 소유에 대해서는 개개 구성원의 사적 권리 내지 그 집합 이외에 다른 독립한 형태로서 공동체 권리를 관념화할 여지도 필요도 없었기 때문이다.[33]

따라서 여기에 봉건영주가 농노와 함께 공동체 규제에 복종한다는 봉건적 생산양식에 특유한 사태가 나타나는 것이다.[34] 그러면 피착취자인 농노는 어떠한 형태 규정을 받을까? 이것도 물론

시각을 상정하여 분석해야 한다고 주장하고 있다. 특히 松尾太郎, アジア的生産様式論と『資本論』の構成, 『經制志淋』 第43卷 第1號, 1975, p.18 이하 참조.

33) 川島武宜, 前掲論文.

34) 領主라고 헤도 관습적으로 규정되지 않은 권리는 주장할 수 없다. 바로 이점이 공동체를 총괄적으로 지배했던 Asia적 수장과는 결정적으로 다른 점이다.

봉건적 공동체의 제계기에 의해 규정 받는다. 즉 봉건영주에 의한 공동체 장악이 공동체 성원에게 초래한 것은 공동체 집회의 통괄 기능 수탈에 머문다. 소위 자립적 공동체 성원은 공동체 집회에 수동적으로 참여하게 되고 그 결과 잉여노동을 제공할 수밖에 없게 된다. 이것이 바로 농노이다. 바꾸어 말하면 봉건적 계급 관계는 일면에서는 공동체 규제를 둘러싸고 성립하므로 인격적 지배라는 성격을 갖고 있더라도 다른 면에서는 사적 권리성을 반영하여 계약관계라는 특질을 함께 가진다. 봉건영주와 농노의 관계는 일종의 쌍무계약이며 개인적인 인격적 보호—종속관계에 있다고 말하는 것은 이러한 사정을 반영한 것이라고 할 수 있다.

이상의 사태를 소유 규범에 따라 파악하면 농노는 봉건적 소유 규범에 의해 생산수단을 소유하지 않은 자라고 할 수 있다. 즉 공동체 규제에 제약받는 사적 권리로서 소유권을 규정하는 봉건적 소유 규범에 조응하여 비소유자로 나타난 자가 농노임에 틀림없다. 그리고 봉건적 소유 규범에 의한 직접생산자의 비소유화는 공동체 규제와 결합한 사적 소유권을 직접생산자가 보지하면서도 공동체 규제 장악자에게 잉여노동 수탈의 권리를 인정하는 것이니 이것이 바로 「토지 보유의 중첩」으로 나타나고 있으며 봉건영주와 농노의 관계가 상급 토지 보유권을 보지한 자와 하급 토지 보유권을 보지한 자 사이에 봉건적 계약관계로서 전개되고 있는 근거를 이루고 있다.[35]

---

35) 농노도 영주의 homme(臣下)이므로 영주의 hommage 속에 산다. 여기서 hommage 라는 말은 '신하가 되는 계약'이므로 託身—保護에 대한 「합의」이다.

다음은 농노의 노동과정이 봉건영주에 의한 잉여노동 착취 과정으로 전화하는 양태를 살펴보자.[36]

농노는 공동체 규제 하에서 '독립적' 경영으로 나타나므로 봉건영주에 의한 잉여노동 수탈도 농노경영의 독립성을 전제로 한 개별적 노동의 직접적 수탈이라는 형태를 취한다. 그중 가장 고전적 형태에서는 영주가 공동체 규제를 장악함에 따라 사적 용익이 인정된 영주 직영지에서 농노로부터 일정량의 부역을 징수하였다. 이때 주목할 것은 본래 영주가 체현하고 있는 토지 카리스마 영향 하에 있는 집회에서 공동체 규제의 집행이 결정되는 것이므로 공동체 규제가 영주에게 유리하게 될 경향이 생기리라는 것은 쉽게 상정할 수 있는 것이지만, 농노가 부역 노동을 구사한 영주 직영지 경영도 공동체 규제에 따랐다는 것이다. 반면에 농노 경영을 보면 필요노동과 잉여노동이 시간적으로도 공간적으로도 구별되어 있고 농노 보유지에서는 공동체 규제에 의한 제약이 있더라도 농노는 자립적으로 '정신적 능력'을 발휘할 여지가 남아 있었던 것이다.[37]

---

36) 이것도 『資本論』 구성의 이론수준·시각(第1部 第3篇)에 비견할 만하다. 松尾太郎, 封建的生産様式と 『資本論』の構成, 『經濟志林』 第45卷 第1號, 1977 참조.

37) "만일 영주를 위한 부역 노동이 일주일에 2일이라고 가정하면, 이 주당 2일 노동은 고정되므로 하나의 불변량이다. 그렇지만 농노가 스스로 자유롭게 사용하는 나머지 날의 노동은 (결국은 생산성) 하나의 가변량이며, 이것은 그의 경험이 축적되면 증대할 것이 틀림없다.......이 노동력의 용도는 농경만이 아니고 농촌가내공업도 포함하고 있다. 어느 정도의 경제적 발전 가능성, 물론 그것은 사정의 유리함이나 타고난 종족적 특

그러면 이러한 계급 관계 하에서 잉여노동의 착취도는 어떻게 결정되는 것일까? 그것은 사회규범과 상대적 권리의식이 생산수단 소유자와 비소유자 쌍방 간에 대립하는 형태를 취하고 있는 힘의 크기에 의해 결정될 것이다.[38] 공동체 규제를 전제로 한 사적 권리라는 봉건적 생산 양식에 특유한 권리의식은 영주 측에서는 공동체를 유지하는 대가로서 직접생산자의 필사 노동 부분을 침해하지 않는 한도 내에서 잉여노동 수탈을 정당화하는 근거가 된다. 중세의 직분 윤리—농노는 농노 신분에 상응한 생활에 만족해야 한다는 것—의 강제가 그것이다. 이에 반해서 농노 측에서는 공동체 규제를 전제로 한 사적 권리는 공동체 규제 하에서 자기를 재생산하는 권리로 주장한다. 이러한 대결에 대한 힘의 결제는 권리의 전제인 공동체 규제의 전통주의적 성격에 규정을 받고 결국은 전통주의적 정의 발견을 둘러싼 투쟁이라는 형태를 취할 것이다.

다음은 농노제적 생산을 수행하는 과정에서 어떻게 봉건영주—농노 관계가 재생산되는 것일까?

먼저 농노의 잉여노동이 영주가 공동체 규제를 장악하기 위해

성과 관련 있지만, 이 가능성이 주어져 있다"라고 Marx가 지적하고 있다. カル·マルクス, 『資本論』 第3部, 第47章 第2篇, p.1018 참조.

38) 노동일과 잉여노동을 둘러싼 노·자 간의 대립의 대해 Marx는 다음과 같이 말하고 있다. "자본가는……구매자로서 자신의 권리를 주장한다……. 노동자는……판매자 자신의 권리를 주장한다. 그러므로 여기에서는 하나의 이율배반이 생긴다. 즉 어느 곳에서도 동등한 상품교환법칙에 의해 보증되어 있는 권리 대 권리이다. 동등한 권리와 권리 사이에서는 「힘」이 일을 결정한다." カル·マルクス, 前揭書, 第1部, 第8章, p.305.

끊임없이 형성하고 있는 물질적 기초를 이루고 있다는 점에 착목해야 한다. 농노는 사적 권리자로서 나타나므로 봉건영주의 공동체 규제 장악은 우선 재판권의 장악으로 나타난다.

따라서 봉건영주가 봉건영주로서 재생산되기 위해서는 재판권의 유지를 위한 물질적 기초가 형성되어야만 한다. 즉 판결의 집행을 가능케 하는 강제력(군사력 따위)에서부터 전통적 법의식 하에서 신하의 위법 정신 함양을 위해 영주에게 요구되는 신에 대한 유사성이 보다 고차적으로 체현되어야 하는데, 이러한 체현에 미치는 제조건을 가능케 하는 물질적 기초는 농노의 잉여노동 착취에 의해 형성되어야만 했다. 그러나 다른 한편에서는 농노로부터의 잉여노동 수탈은 농노에게 허용된 부의 축적을 저해함으로써 공동체 규제에 의존하는 저차적인 신에 대한 유사성을 체현한 존재를 재생산한다. 이렇게 농노제적 생산 속에서 봉건영주—농노 관계가 재생산된다.

그렇지만 일정한 한도를 가지고 있더라도 농노의 정신적 능력 발휘가 허용되고 있다는 것은 생산력 전개—그것은 공동체 내에서 사회적 분업이 심화되는 것으로 나타난다—가 농노 경제 속에서 나타난다는 것을 의미한다. 이 점이 농노가 공동체 규제로부터 자립화하는 경향성을 인정할 수 있는 근거이다. 바꾸어 말하면 봉건적 생산 양식의 전개 속에 그것을 양기하려는 제조건이 양성될 추상적 가능성을 인정할 수 있다는 것이 된다.

그런데 농노로부터 잉여노동을 직접적으로 착취하는 데는 영주 입장에서 재판권의 장악과 확충이 행해져야 한다. 그러나 사회적 분업의 권위주의적 편성이 협업을 한계 짓고 있는 봉건적 생산양식에서 재판권의 물질적 기초인 잉여노동의 누적은 공동체 집적으로 나타날 수밖에 없고, 여기에 지배 영역을 확대하려고 하는 봉건영주 상호 간에 끊임없는 알력이 생기며 이러한 알력은 영주 간 재판 권력의 불균등성을 근거로 결제된 재판 권력의 Hierarchie로 나타난다. 이 Hierarchie 속 영주의 공통 이해가 체현되어 있으며, 봉건영주의 자립적 주체성은 '상호 자유로운 계약관계-봉신관계'라는 형태를 취하게 되는 것이다.

재판 권력의 Hierarchie 속에 정치된 개별 영주는 '신에 대한 유사성'을 높이려는 신분적 상승을 지향한다. 이를 위해서는 재판권의 물질적 기초로서의 잉여노동 축적이 불가피하지만 봉건적 생산 양식 하에서는 농노의 자립성 때문에 생산력 발달은 먼저 농노제의 생산력 발달—공동체 내의 분업이 상대적으로 자립한 형태로 전개—로서 나타난다. 영주가 잉여노동을 축적하기 위해서는 이러한 생산력 상승을 근거로 잉여노동의 착취를 확대해야만 한다. 그러나 농노 측의 생산력 발달은 농노의 공동체 규제로부터 상대적인 자립성을 높이는 것이다. 따라서 재판권의 물질적 기초를 확충하려고 지향하는 영주는 이중 문제에 직면하게 되는바, 하나는 농노의 생산력 발달을 소령 개량을 위해 정책적으로 수행해야만 하는 것이고, 다른 하나는 농노의 공동체 규제에 대한 의존을 재편성해야만 하는 것이다.[39] 이와 같은 영주의 신분적 상승을 지향하는 운동을 총괄로서 나타나는 것이 바로 재판권의 집중이지만 이것은 방대한 가산 관료제와 군사력의 집중으로 나타나 영주 재정을 압박하는 경향을 갖게 된다.[40] 따라서 여기에 재판

---

39) 대표적인 예가 공동체적 분업을 공동체 간 분업으로 재편하는 일이다.

40) 東洋의 경우는 처음부터 중앙집권적 관료제로 출발한다. 자세한 것은 후

권 집중은 한계가 있는 것이며 농노 수중에 잉여생산물이 남을 가능성을 저지할 수 없게 되지만, 농노가 공동체 규제로부터 상대적으로 자립하는 경향성을 가짐으로써 공동체 규제의 장악을 공간으로 하는 영주에 의한 잉여노동 수탈은 경향적으로 저하할 수밖에 없는 것이다.41)

이상에서 알 수 있는 것처럼 영주의 공동체 규제 장악은 재판권의 집중으로 나타나며 그 실현은 전사회적 규모로 체계화된 역학관계 특히 군사적 계층 서열로 나타나게 되며, 이것이 봉건적 생산 양식 하에서 보이는 경제외적 강제의 발현 형태이다. 그런데 경제외적 강제는 전사회적 규모로서뿐만 아니라 개별적인 영주=농노 관계에서도 이들 관계를 개별적으로 규제하는 역학관계로 나타난다. 이러한 관계의 가장 전형적 발현 형태는 고전장원 하의 농노제일 것이다. 농노제 하에서 농노의 신분 규정은 현실로는 실로 다양한 내용을 포함하고 있는 것이지만, 그 기본적 내용은 크게 두 가지로 구분할 수 있다. 첫째는 소위 '토지긴박' 규정으로 직접생산자와 토지의 결합을 유지하고 그들을 토지에 긴박하여 그 이동을 금지하는 규정이다. 둘째는 직접생산자의 '재산 능력의 결여'를 규정한 것으로 이는 소농민적 자급 경영의 표준적 경영규모=보유규모를 유지하기 위한 것이다. 이것들을 보다 구체적으로 살펴보면 다음과 같다. 먼저 토지긴박 규정은 다음과 같은 형태를 취한다.

술.

41) 「資本論」 第3部 第3篇(이윤률의 경향적 저하법칙)의 시각을 상정한 것이다.

(i) 인두세 : 이것은 흉노의 영주에 대한 인격적 예속의 symbol이며 그들이 영주권의 지배 영역 내에 주거해야 하는 강제 하에 있음을 표현하고 있다.

(ii) 결혼세의 지불 : 농노의 자녀가 동일 소령 외의 사람과 결혼할 경우에 영주의 허가가 필요했고 또한 결혼세를 지불해야만 했다. 이상은 노동인구의 감소와 토지 보유 관계의 착종을 저지하는 수단이기도 했다.

(iii) 도망 농노 추포권 : 이것은 농노가 도망한 경우 이를 쫓아가 잡을 수 있는 권리로 토지긴박에 대한 위반이 발생할 경우의 권리 집행을 나타낸다. 이상의 토지긴박 규정은 그 어느 것도 봉건사회의 기저인 직접생산자의 토지에 대한 토지 보유를 전제로 직접생산자와 토지의 결합을 강제적으로 확보하려는 것이다.

한편, 농노의 재산능력 결여 규정도 역사적 구체적으로는 다음과 같은 형태로 나타나고 있다.

(i) 토지매매 · 양도의 금지 : 농노는 자기 보유지를 매매 · 유증 · 임대차하는 것이 원칙적으로 금지되었다. 이것은 농민 보유지의 제일성을 확보하기 위한 것이며 또한 토지매매를 통해 현 보유 농민의 신분 상승을 방지하기 위한 것이었다.

(ii) 상속세 : 농노의 재산 능력 결여를 나타내는 것이며, 당시 법제적으로도 농노 소유물은 전부 영주의 소유물로 관념화되어 있었으므로 그 상징으로서 농노가 사망한 경우 그의 재산은 일단 영주에게 귀속하는 것으로 되었기 때문에 상속자는 대상으로 최량의 가축을 납부해야 상속을 받았다. 또 동산중에 노동수단 및 소비 자료, 필수품은 토지와 결합하여 상속되고 표준적 농업 경영이 유지되도록 강제되었다.

이외에도 경제외적 강제의 계기로서 생산물 매매의 제한, 공업 생산의 영주적 독점 등이 있다.

이상과 같은 경제외적 강제는 봉건적 토지 소유에 있어서 지대 실현의 매개 계기를 이루고 있음은 말할 것도 없으며 이러한 강제를 집행하는 법적 근거로써 영주재판권이 존재하고 영주재판소는 그 법적 기구를 형성하고 있다. 그리고 이러한 경제외적 강제는 촌락과 영지가 일치하고 있는 경우 영주는 공동체 규제를 통일적으로 장악하여 가장 전형적이고 강력하게 발현하지만, 비장원적 소령에서는 다분히 완화된 형태로 존재하였다. 물론 경제외적 강제는 영주의 권력을 근거로 하는 것이나 봉건 제도의 기초는 경제외적 강제가 아니고 封建的 소유 관계에 있음은 두 말할 것도 없다.

4. 봉건지대—잉여노동의 수취 형태

봉건지대는 토지 소유자가 소농민경영의 토지이용=Gewere를 전제로 경제외적 강제를 매개로 수취하는 것이지만 이때 봉건지대는 잉여노동의 통례적·지배적 형태로 나타난다, 바꾸어 말하면 봉건지대는 자기 자신의 재생산에 필요한 노동조건을 점유하고 있는 직접생산자가 일절을 포괄하는 노동조건인 토지 소유자에게 납부해야만 하는 유일한 잉여노동-잉여가치인 것이다. 이 점은 자본제의 경우 토지 소유자가 자본의 생산과정을 통해서 실현하고 있는 이윤의 일부분[42]을 자본제적 지대로 실현하는 것과는 질적으로 사정이 다르다.

자본제적 생산 양식 하에서는 토지 소유 관계가 자본 운동에

42) 廣棄資本家가 수취할 평균 이윤을 초과하는 부분이다.

종속되어 있지만, 봉건적 생산 양식 하에서는 토지 소유 관계만이 경제적 제관계의 기축이다. 한편 봉건지대 이외의 예를 들면 전기적 자본이 수취하는 소위 '양도 이윤'이나 고리대자본이 취득하는 '이자' 등은 본질적으로는 봉건지대로서 수취된 잉여노동의 형태 전화물임에 틀림없으며 또한 중세 도시 Guild에 대한 구매력도 주로 봉건영주가 농민으로부터 수취한 봉건지대에 의해 형성된 것이라고 할 수 있다.

따라서 봉건지대의 형태가 어떠한가 또는 지대의 부담 정도가 어떠한가 하는 것이 봉건적 생산양식의 재생산을 분석하는 관건이 된다. 이하에서 봉건지대의 형태를 간략히 살펴보자.

(1) 노동지대

이 지대 형태는 전형적으로 직접생산자가 일주일 중 일부를 영주직영지에서 영주를 위해 무상 노동을 제공하고 그 나머지를 농민 자신의 보유지에서 자신을 위한 노동을 하는 형태로 부과된다. 이러한 노동지대에는 다음과 같은 특징이 있다. 첫째, 이 경우 직접생산자가 자기 노동력을 재생산하는 데 필요한 필요 노동 부분과 영주가 수취하는 잉여 노동 부분이 시간적·공간적으로 확연히 분리되어 나타난다. 즉 잉여 노동은 소위 영주를 위한 강제노동이라는 가장 조잡한 모습을 취한다는 점이다. 둘째, 이러한 노동지대의 수취는 영주의 직접적 강제에 매개된 것이며 농노는 영주 혹은 그 대행자의 직접적 감시와 독려 하에서 이른바 채찍의 힘으로 노동하고 있다. 그 때문에 영주와 농민 사이의 지배·예속 관계는 '농노제'라는 가혹한 인격적 예속 관계를 취하게 되는 것이다. 셋째, 노동지대의 경우 직접생산자는 사실상 또는 법률상 자기 자신에게 속한 노동 용구를 가지고 부역=노동지대를 납부한다. 이 점은 농노 노동을 노예노동이나 임노동과 구별하는 중요한 지표의 하나이며 노동지대가 자립적인 소농민 경영을 전제로 하고 있기 때문에 나타나는 현상이기도 하다. 넷째, 노동지대는 질적 관점에서 보면 농민이 자기 가축을 가지고 행하는 축경 부역과 가축을 갖지 않고서 행하는 수로 부역이 있다. 또한 부역을 양적 관점에서 보면 영주가 자의로 요구하는 부정량부역=임시부역과 관습적으로 고정되어 있는 정량부역=정기부역으로 구분할 수 있다. 전자는 수로부역의 경우가 후자는 축경부역의 경우가 많다. 그러면 이러한 노동지대가 성립하는 조건은 무엇인가를 살펴보자. 첫째, 노동지대가 잉여노동 수취의 지배적 형태로 성립한 지역은 중부 Europe의 평야지대이며 개방 경지제, 삼포제가 전형적으로 전개된 곳이다. 여기에서는 봉건적 분해의 진전 결과로서 famulus 소보유농의 표준농화가 진행됨에 따라[43] 노동수단을 소

---

43) 자본제 사회분석을 단순 상품 생산자를 기점으로 하여 자본가, 임노동자 계급으로 양극 분해가 발생한다는 논리적 전개를 통해 파악할 수 있는 것처럼 봉건제의 경우도 봉건적 생산양식의 기저인 '소농민 경영'을 기점으로 전개되는 독자적이고 특수 역사적 분해인 '봉건적 분해'를 통해서 영주 대 농노의 관계를 파악할 수 있다는 견해가 있다. 즉 소농민 경영은 자급 경영이고, 그 생산 목적은 소가족 유지를 위한 표준적인 생활유지 수단 획득에 있다. 그런데 다수의 소농민 경영 중에는 여러 가지 경영 조건의 차이가 존재하고 있고 그중에는 가족노동력의 질적·양적 변동에 의해 표준적인 생활자료를 획득할 수 없는 경영과 그 이상을 획득할 수 있는 경영의 차이가 나타나게 되어 여기에 비로소 자급 경영의 분해가 시작된다. 이러한 소농민 경영의 분해는 두 가지 국면으로 전개되는데, 하나는 토지의 상실과 집중이며 또 다른 하나는 가족 성원의 방출과 흡수이다. 토지를 상실하는 소농민 경영이 가계비를 줄이기 위해

유하기에 이른다. 이 점이 노동지대 성립 조건이며 소보유자가 주로 수로 부역을 담당하고 있음이 이를 증명하는 것이다. 둘째 표준적보유농은 공동경작을 위한 공동체로 편성되어 그들의 보유지조는 공동경작에 적합하도록 각 경구에서 동일서열로 편성되어 있다. 즉 영주 직영지와 농민 보유지는 혼재되어 공동경작을 한다는 점이다. 이는 축경부역=정량부역이 지배적이었다는 점으로도 알 수 있다. 셋째, 일정한 농업기술 특히 경운 기술을 전제로 하는 표준적 보유농이 일반적으로 성립함에 따라 이경이라는 노동형태가 지불·납부수단으로서 사회적으로 일반화하고 있다는 것이다. 소독립 경영을 전제로 하고 경제외적 강제에 의해 매개되어 있다면 노동지대는 봉건적 분해가 진행하고 농민 보유지의 제일

가족성원을 방출하면 토지를 집중해가는 소농민 경영이 이를 흡수한다. 따라서 한편에서는 소농민 경영의 소유 규모 불균등이 진행되는 동시에 다른 한편에서는 봉건적 고용 노동의 원형인 단신의 famulus層이 나타난다. 그런데 토지를 집중하여 그 소유 규모를 확장한 경영은 결코 경영 규모를 확대하는 것이 아니고 오히려 표준적 경영 규모 이상의 토지 소유는 이미 자신이 흡수하고 있던 famulus나 다른 소농민 경영에 대여하여 소작을 시킨다. 그리고 조건에 따라서 지대를 수취한다. 이것은 famulus側에서 보면 이러한 과정을 통해 소작지를 확대하여 표준적인 경영규모로 접근해감을 의미한다. 이러한 봉건적 분해가 진전하면 할수록 토지의 상실과 집중, famulus의 방출과 흡수는 격화되고 famulus는 소작지를 확대하여 궁극에는 그들도 가족을 형성하고 상승하여 표준적 소농민 경영으로 격상하여 간다. 이상의 설명은 봉건적 분해에 대한 이론적 전개이며 이러한 현상이 실질적으로 나타나기 위해서는 화폐 경영 발달이 어느 정도 이루어지고 있음이 전제로 되어야 한다. 또한, 봉건적 사회의 자기운동인 封逸的 分解가 가능한 것은 앞에서도 지적한 것처럼 정신적 능력 발휘의 가능성이 존재하기 때문이다(吉岡昭彦, 封建的土地所有·封建地代· 經濟外的強制, 『西洋經濟史講座 I』 岩波書店, 1960 참조).

성이 성립한 소령에서 성립한다.

(2) 생산물지대=현물지대

봉건지대의 제2형태인 생산물지대는 지대가 '노동이 대상화된 생산물'이라는 형태를 취하고 있는 것으로 노동지대가 형태 변화를 한 것뿐이며 전잉여 노동을 표현하고 있다는 점에서 즉 봉건지대의 본질이라는 점에서는 아무런 변화가 없는 것이다.[44]

그러나 생산물지대에 대해서는 다음과 같은 점을 유의해야 한다. 첫째, 필요노동 부분과 잉여노동 부분이 노동지대처럼 시간적·공간적으로 분리되어 있는 것이 아니고 직접생산자는 먼저 자신의 전노동 시간을 자유롭게 처분하고 자기 자신의 계산과 책임하에서 잉여노동을 납부하는 것이다. 따라서 그들은 자신에게 속할 생산물을 생산하는 초과노동을 위한 시간이 생길 가능성이 보다 많게 된다. 둘째, 지대 실현의 방식 즉 경제외적 강제의 형태가 변화하고 있다. 농노제는 점차 소멸하고 직접적인 '채찍의 힘'에 의해서가 아니라 '임대차 소작 관계'를 통해 관습법 또는, 성문법 같은 법률적 규정에 의해 직접생산자가 지대를 납부한다. 셋째, 생산물지대의 경우 지대의 양도 영주의 자의에서 해방되어 일정량으로 고정된 '정액소작'이나 또는 생산물의 일정 비율로 정해지는 '분익소작'의 형태를 취하게 된다. 그러나 질적인 측면에서는 생산물지대가 노동지대의 형태 변화인 한, 주요 부분은 농산물 특히 곡물이며 수공업 생산물은 포함되어 있지 않다. 이러한 생산

---

44) カル·マルクス, 『資本論』, 第3部, 第47章 第3節 p.1018 참조.

물지대의 성립 조건은 다음과 같다. 첫째, 사회적 분업의 발전과 함께 자급경영인 농민 경영 속에 포함되어 있던 노동의 諸機能 중 몇 가지가 분화·독립했다. 그것은 특히 수공업으로서 중세도시의 Guild로 편성되었다. 이 점은 농촌에서 수공업 부역이 소멸하고 있고, 생산물 지대가 주로 곡물의 형태로 납부되고 있으며 다른 한편에서는 중세도시가 성립하고 있는 사실에서도 잘 나타나고 있다. 이러한 발전이 바로 농민 경제에서 상품생산의 단서적 성립을 의미하는 것이다. 둘째, 이와 같은 상품생산의 단서적 성립은 소농민 경영을 변질시켰다. 특히 농민소유지의 제일성, Hufe 제도는 다소 해체하게 되는데 영주는 Hufe가 아니라 분열 Hufe나 개별 경지 편을 단위로 지대를 수취하게 된다.

이 경우 노동지대를 수취해야 하는 조건은 존재하지 않으며 이와 관계없이 소농민 경영은 자급경영을 영위한다. 따라서 지대는 노동이 대상화된 생산물지대로 실현될 수밖에 없게 된다.

(3) 화폐지대

봉건지대의 제3형태인 화폐지대의 경우 직접생산자는 토지 소유자에 대해 생산물의 가격을 지불해야 한다. 물론 이 경우도 자본제적 지대와는 별개의 것이며 화폐지대가 잉여노동의 유일한 지배 형태라는 점에는 변함이 없다. 그런데 화폐지대는 다음과 같은 점이 특징적이다. 첫째, 화폐지대가 부단히 유지되고 재생산되기 위해서는 직접생산자가 그 생산물의 적어도 일부를 그들 자신이 항상 '상품으로 생산'하여 화폐로 전화시킬 수 있는 여건이 필요하다. 따라서 그들 자신은 상품생산자이며 상품생산 법칙의 규정을 받아 생산물지대의 경우보다 더욱 많은 초과분 즉 맹아적 이윤을 그들 수중에 남길 가능성을 획득한다. 다시 말하면 봉건적 부의 축적 충동을 발휘할 정신적 능력이 보다 광범하게 발휘될 가능성이 더욱 커진다. 따라서 화폐지대는 봉건지대의 최종 형태인 동시에 해소 형태라 할 수 있다. 둘째, 경제 외적 강제의 형태는 더욱 왜곡되어 보다 계약적이고 대물적인 단순한 '화폐 관계'로 바뀌게 되고 농민은 사실상 차지농업자에 불과함으로써 독립 자영농민으로의 상승 전망이 더욱 밝아지게 되었다.

그러면 이러한 화폐지대의 성립 조건은 무엇인가? 첫째, 동산 특히 노동제 조건이 실질적으로는 말할 것도 없고 법률적으로도 더욱 강하게 직접생산자 자신의 소유로 강화되어야만 한다. 둘째, 상업·도시 공업·상품생산 일반에 조응하는 화폐유통이 더욱 전개되어야 한다. 그것은 제생산물의 시장가격 성립 또는 생산물이 거의 제 가치대로 판매되는 것을 전제로 하고 있다.

이상 간단히 봉건지대—잉여생산물의 수취 형태—의 세 가지 형태를 살펴보았다. 이들 제형태는 어떤 특정 시대나 지역에서 현실적으로는 병존하고 있지만, 그 중 어느 하나가 봉건지대의 지배적·규정적 형태로 나타난다고 할 수 있다. 그리고 거시적으로 보면 노동지대—생산물지대—화폐지대라는 단계적 발전을 한다고 볼 수 있으나 지역이나 민족에 따라서 반드시 이 단계적 발전이 역사적 서열로 나타나는 것만은 아니다.

이상의 서술은 봉건적 생산양식을 가장 단순화한 추상적 차원에서 그 기본적 특질을 살펴본 것이다. 이 경우 봉건적 생산양식의 봉건적 소유 형태를 규정하는 가장 기본적인 것은 공동체라고 하는 사실에 대해서는 재론의 여지가 없다. 그러나 문제는 이러한 기본적 특질이 우리나라 봉건사회에서는 어떻게 관철되고 있는가 하는 것이다. 또 그것을 살피기 위해서는 어떠한 理理的 틀의 설정이 가능할까 하는 것이다. 이 문제를 절을 바꾸어 보다 자세히 검토하기로 하자.

제2절 한국 봉건식의 이론적 검토

종래의 동양 봉건사회 특질을 파악하기 위한 연구 경향은 서구 봉건 사회를 기본형으로 하고 그것과 대비하여 동양 봉건사회는 '정체적'이라든가 또는 '전제적'이라는 일괄 개념으로 설명하는 것이었으며, 이러한 사고 구조는 본질적으로는 18세기 이래 Europe 사람들이 지니고 있던 대Asia관을 기저에 두고 있다고 할 수 있다.45)

따라서 이러한 연구 경향에 따르면 동양 사회를 세계사의 일반적 발전 법칙 속에서 파악한다고 하더라도 당연히 제약적일 수밖에 없다. 왜냐하면, 이제까지의 역사 발전 법칙에 관한 논의가 서구 중심으로 이루어졌기 때문이다.

역사학의 과제가 각 이행기의 특수성을 명백히 밝힘으로써 현

45) 18세기 이후 Europe 사람들이 가지고 있었던 Asia에 대한 견해와 이를 그대로 계승했다고 할 수 있는 Marx의 Asia에 대한 이해에 대해서는 小谷汪之, 『マルクスと アジア』, 青木書店, 1979을 참조하라. 또한 Marx가 자신의 저작 속에서 사용한 Asia라는 개념은 반드시 일의적이지 않았다는 견해에 대해서는 林直道, 『歴史的唯物論と所有理論』, 大月書店, 1974, pp.10~16 참조.

대의 특수한 존재를 명백히 하는데 있다는 관점에서 세계사의 slogan적 추상성이 아닌 실제로 연속하는 세계사의 발전 법칙—그 구체적 계기는 '생산력을 포함한 문화유산의 연속적 계승'이다—을 파악했다는 점에 그 어느 논의보다 뛰어나다는 大塚久雄의 설도[46] 동양의 역사발전을 연구하는 경우 커다란 제약을 받을 수밖에 없다. 왜냐하면, 대총사학은 서유럽의 근대 자본주의 형성을 주된 연구 테마로 하고 있기 때문에 한때는 대표적인 생산양식의 무대였지만 그 후에 세계사의 주역이 되지 못한 제지역—예를 들면 고대 동양적 전제주의 이후의 Asia 지역이나, 고전고대적 노예제 이후의 Greece, Rome 지역 등—의 그 후의 운명을 고려하거나 해석하지 않는 약점을 노정하고 있다. 따라서 이러한 약점을 보완 내지 극복하려는 시도는 세계사적 기본 법칙의 발전과정에서 고대 동양적 전제주의 이후의 우리 역사를 어떻게 해석할 것인가 하는 것으로 집약될 수 있으며 이러한 관점에서 우리의 역사를 해석하려는 경우 다음과 같은 점에 유의해야 할 것이다.

먼저 이제까지 거의 비판 없이 받아들여졌던 중세=봉건사회라는 인식의 개별사적 적용을 지양하고 보다 구체적인 봉건사회에 대한 이론적·실증적 검토를 해야 한다. 실제로 우리나라 중세는

---

46) 大塚久雄의 역사 설명 방법은 다분히 도식적이고 기계적인 해석법이라고도 할 수 있겠으나 적어도 전근대사회로부터 근대사회로의 이행에 관한 설명이라는 측면에서 다른 설보다는 논리적 일관성이 있다고 생각한다. 특히 '근대화'라는 현실 문제를 염두에 두는 경우에 그 설명의 우위성은 더욱 부각된다. 大塚久雄를 중심으로 한 이른바 大塚學派의 이론을 정리한 것으로는 大塚久雄外, 『西洋經濟史講座』 第I卷~第V卷, 岩波書店, 1960이 있다. 또 大塚久雄 自身의 學說에 대해서는 『大塚久雄著作集』(全13卷)을 참조하라.

서구의 그것과는 다른 특질을 지닌 사회이며 이를 봉건사회라고 간주한다 하더라도 개념 규정이나 시대 설정 상에 커다란 차이가 존재할 수밖에 없다. 이러한 점에서 봉건사회에 대한 구체적 규정이 무엇인가 하는 근본 문제로 회귀할 수밖에 없고 또 우리나라 역사의 전개 과정 속에 서 봉건사회를 어떻게 위치 지을 것인가 하는 문제에 직면하게 된다.

이러한 문제들은 과거와 같이 일반적이고 단순하게 세계사의 발전 법칙 속에 우리의 발전단계가 어디에 해당하는가를 논증하는 것이 아니라 다양한 의미를 포함하고 있는 Asia적 사회 구성의 전개 속에서 찾아야 할 것이다. 즉 세계사의 기본 법칙에 대한 재검토 및 반성을 통한 서구중심사관의 극복, 세계사적 발전단계에 대한 일국사적 이해의 지양 등을 통해 우리나라 봉건사회의 구조적 특질을 살펴야 한다.

이를 위해서는 먼저 종래와는 다른 시각에서 Asia 사회를 살펴야 한다. 따라서 우선 상기와 같은 입장에 선 연구 축적을 살펴봄으로써 Asia 사회에 대한 분석의 틀을 구축하고 이것을 우리나라의 경우에는 어떻게 적용할 수 있는지를 밝혀 보고자 하는 것이 本 절의 목적이다.

1. 전근대 Asia 사회에 대한 논의

이제까지 Asia의 전근대에 대한 논의는 다음과 같은 Marx의 서술을 중심으로 출발하고 있다. 다소 번잡한 일이나 매우 중요한 것이므로 인용해 보자.

[Ⅰ]

고대 Asia적이라든가 고대적인 등의 생산양식에서는 생산물이 상품으로 전화, 따라서 인간의 상품생산자로서 정재는* 하나의 종속적인 구실—그것은 공동체가 붕괴 단계에 들어섬에 따라 중요성이 증대하는 것이지만—을 한다. ……고대의 사회적 제생산유기체는 부르주아적 생산유기체보다도 단순하고 투명하지만, 그러나 그들은 다른 인간과의 자연적인 종속관계의 탯줄로부터 아직 떨어지지 않은 개인적 인간의 미성숙이라든가 또는 직접적인 지배·예속 관계에 기초하고 있다.[47)]

[Ⅱ]

이 형태는 동일한 공동체적 기본관계를 기초로 하고 있지만, 그 자체 극히 다양한 여러가지 형태로 실현되는 것이다. 예를 들면 대다수의 Asia적 기본형태의 경우처럼 총괄적 통일체(die zusammenfassende Einheit)는 이들 모든 작은 개별 공동체 위에서 상위의 소유자 혹은 유일의 소유자로서 나타나든가, 그를 위해 현실 공동체가 세습적인 점유자로서만 나타난다는 것은 앞의 형태와 전혀 모순 하는 것은 아니다. 이 통일체가 현실의 소유자이며 또 공동체적 소유의 현실적인 전제이기 때문에 이 통일체는 많은 현실적인 특수한 공동체 위에 서서 하나의 특수한 것으로서 나타날 수 있는 것이다. 그래서 이 경우 개별 공동체 구성원은 사실상 무소유이다. 즉 소유는 대부분 공동단체의 부인 전제군주에게 구현된 총합 통일체가 특수한 공동체를 매개로 개인에게 양도한 결과 개인에게는 간접적인 것으로서 나타난다. 잉여생산물—이것은 특히 노동에 의해 현실적 영유의 결과로 법적으로 규정된다—은 이 때문에 저절로 최고 통일체에 귀속하는 것이다. 동양적 전제주의와 이 전제주의 사이에 법제상 존재하는 것처럼 보이는 무소유와의 가운데에는 실제로 이 종족 소유 또는 공동체 소유가 기초로 존재하고 있는 것이며 이 소유는 대부분의 경우 소공동체 내부에 공업(mamifaktur)과 농업의 결합에 의해 형성되고 이러한 소

47) カル·マルクス, 『資本論』, 第1部, p. 196.

공동체는 완전히 자급자족적인 형태로 되고 또 재생산과 잉여생산의 모든 조건을 그 자신 속에 갖고 있다. 그 잉여노동의 일부분은 결국은 인격으로서 존재하는 상위 공동사회의 것으로 되고 또 이 잉여노동은 공납 등의 형태로 발생하는 것도 있으며 또 그중에는 현실의 전제군주 또는 관념상의 종족 본체인 신이라는 통일체의 찬양을 위해 하는 공동노동의 형태로도 일어난다.[48]

앞의 인용문은『자본론』제1부 제1장 제4절 '상품의 물신적 성격과 그 비밀' 중의 한 부분이다. 이 내용 중에 "고대의 사회적 제생산유기체는……다른 인간과의 자연적 종속관계의 탯줄로부터 아직 떨어지지 않은 개인적 인간의 미성숙이라든가 또는 직접적인 지배·예속 관계에 기초하고 있다"는 구절이 있다. 여기서 고대의 사회적 제생산유기체는 '고대 Asia적 생산양식'과 '고대적 등등의 생산 양식'[49] 두 가지의 내용을 포괄하고 있는 것으로 보아야 한다. 즉 전자는 "다른 인간과의 자연적 종속 관계의 탯줄로부터 아직 떨어지지 않은 개인적 인문의 미성숙에 기초"한 생산양식으로 후자는 "직접적인 지배·예속 관계에 기초"한 생산양식으로 이해할 수밖에 없다.

그런데 두 번째의 인용문을 살펴보면 Marx는 명백하게 동양적 전제주의 기저에 공동체적 소유의 Asia적 형태가 있다는 의미를 분명히 하고 있다. 따라서 이것만 가지고 Asia적 생산양식은 동양사회에 특유한 동양적 전제주의의 경제구조를 의미하는 것이라고

48) カル·マルクス, 高木幸二郎監譯,『經濟學批判要綱』第3分册, 大月書店, 1961, p. 409.

49) 고전 고대적 노예제, 농노제, 동양적 노예제 등이 포함된다고 보아야 한다.

해석하는 것도 무리는 아닐 것이다.

실제로 이제까지의 논의를 보면 크게 Asia적 생산양식=동양적 전제주의의 생산양식이라는 설과 Asia적 생산양식=원시공동체라는 설 두 가지로 구분할 수 있으나 이상의 인용문으로 보아 이들 논의 중 어느 하나가 다른 것을 극복하는 것은 아니고 림 직도의 견해처럼 두 가 지 의미를 모두 함의하고 있는 것으로 보는 것이 타당한 듯하다.[50] 이렇게 보면 Asia적 생산양식은 동양적 봉건사회의 선행 형태로 간주할 수 있다. 따라서 Asia적 생산양식 이후의 사회변동에 대한 논의는 당연히 Asia적 생산양식의 분석을 전제로 한 동양적 봉건사회를 그 분석의 초점에 두어야 하고 이 경우에 다음과 같은 점에 유의해야 한다. 즉 하나는 동양적 전제주의 하에서 Asia적 공동체가 보이고 있는 불변성을 어떻게 설명해야 하는가, 또 다른 하나는 동양적 전제주의는 사회 발전의 기본단계 중 어디에 해당할 수 있는가 또 어떠한 계기에 의해 다른 단계의 사회로 전화하는가 하는 점 등을 분명히 밝혀야 할 것이다.

먼저 첫 번째 점을 살펴보자. Asia적 생산양식의 경제적 담당자인 소공동체는 한쪽에서는 농업과 가내공업의 결합 및 고정적 분업이라는 대단히 견고한 내부 구성을 가지고 있어서 상품경제=화폐경제를 배제하고 자급 자족적인 재생산을 반복하고 있다는 점[51] 다른 한편에서는 자연적제조건이[52] 소공동체의 범위를 훨씬

---

50) 林直道, 前揭書, pp. 3~55의 나타난 논의를 참조.

51) 經濟的 負擔이 현물 형태로 이루어지고 있다는 점이 그 증거이다

52) 또한, 이 경우에 일반적으로 외적 요인으로서 '자연적 조건'을 드는데 이것은 사적 유물론에서 벗어난 것이며 '지리적 유물론'의 오류가 아니냐

초과하는 공동사업—예를 들면 수리 사업 따위—을 필요로 하고, 이러한 사정이 이러한 사업을 수행할 수 있는 중앙전제적 정부에 대한 소공동체의 의존을 결정적으로 하는 점 등등의 내외 사정으로 소공동체 구성원들이 독립한 분할 노동에 의해 생산력을 발전시키고, 그에 대응한 사적 소유를 확립해가기가 대단히 곤란했다고 할 수 있다. 바로 이러한 점이 동양적 전제주의 하에서 나타나고 있는 Asia적 공동체가 지난 불변성에 대한 설명 요인이다. 따라서 Asia적 봉건사회의 공통적인 역사적 선행 형태인 동양적 전제주의의 기본 성격 또는 구조에 대해서는 ① 사회기반에 소 경영의 미성숙과 화석화된 고정적 분업체제에 의해 지속되는 자급자족적 농업공동체가 존재한다. ② 그 재생산을 위해 필요한 수리를 비롯한 치수 등의 공공사업을 국가가 장악하고 있다. ③ 국가는 이러한 생산기능의 장악을 매개로 국가적 토지 소유를 실현하며 따라서 주권자인 동시에 최고 지주로서 지대, 조세를 일체적 형태로 수취하고 있다고 요약할 수 있다.[53)]

한편 두 번째 것은 훨씬 복잡한 양상을 보인다. 일반적으로 동양적 전제주의는 노예제, 봉건제와 마찬가지로 전자본주의적 지배·예속 체제의 기본 형태의 하나임을 인정한다. 이 3가지 하태는

하는 반론이 있을 수 있다. 그러나 사회현상의 특질을 지리적· 자연적 사정에 따라 그대로 설명하고 있는 것은 아니며 근본적인 것은 공동체 내부에 사적 소유가 성립하지 못했다는 데 있는 것이고 그 전제로서 독립한 분할 노동의 발전이 곤란했던 사정의 하나로서 자연적·지리적 조건이 의의가 있을 뿐임을 밝힌 것이다.

53) 中村哲, 『奴隷制·農奴制の理論』, 東京大出版會, 1977, pp. 19～226에 나타난 논의를 참조.

각기 Asia적, Greece Rome적, German적 공동체를 기초로 성립한 것이며 이 점에서 서로 병존하여 대치하기도 하는 일면을 갖고 있다. 실제로 어떤 지역에서는 노예제 사회를 건너뛰고 원시공동체 단계에서 곧바로 농노제가 형성된 곳도 있기는 하지만, 고대 노예제가 붕괴하면 대체로 봉건 농노제 사회로 이행한다고 보아야 한다. 이렇게 보면 노예제로부터 농노제로 이행하는 것은 크게 보아서 역사 발전의 전진적 단계를 형성하는 것이다.

문제는 동양적 전제주의는 노예제나 농노제에 대해 어떠한 역사적 위치를 점할 수 있을까 하는 것이다. 이에 대해서는 동양적 전제주의를 별도의 역사 발전단계로 보려는 견해와 고대 노예제의 별종으로 파악하려는 견해가 있어 결국은 동양적 전제주의를 어디에 위치 짓느냐에 따라 다양한 견해가 나타나게 된다.[54] 그러나 실제로 동양적 전제주의의 역사 발전과정을 더듬어 보면 반드시 이 사회가 고대 노예제사회로 이행한 것이 아니고 그렇다고 반드시 봉건사회로 이행한 것도 아니다. 그런데 Marx가 『불어판 자본론』에서 전제주의를 노록제와 함께 "고대 일반적(l′antiquite′ en g′en′eral) 생산양식"의 하나로 포함하고 있는 것을 보더라도[55] 동양적 고대사회의 한 유형으로 파악하는 것이 타당하다.

그런데 동양적 전제주의의 붕괴는 그것이 직접 붕괴하는 경우

---

54) 예를 들어 동양적 전제주의를 고대에 선행하는 단계로 간주하면 세계사의 기본적 발전 법칙은 원시공동체→동양적 전제주의→고대 노예제→봉건제→...와 같은 모습을 취하게 된다. 또한 동양적 전제주의가 노예제의 변동이냐 아니면 혹 봉건제의 변동이냐에 따라서도 다양한 견해가 나타난다.

55) 林直道, 『フランス語版 資本論の研究』, 大月書店, 1975. p.122.

와 고대 노예제로 평행적 이동을 거쳐 바로 봉건 농노제로 귀착하는 경우가 있다. 전자의 경우는 동양적 전제국가 하에서 소공동체의 徵稅吏를 형성하는 말단 관료층이 중간착취자가 되어 "직접 경작자를 제멋대로 바꿀 수 있는 권리"를 갖고 경작자=공동체 성원을 사실상 자신의 소작인처럼 취급하기에 이르렀던 인도의 실례가 대표적이다.[56] 또한, 이런 경우 군주제가 이어져도 그것은 Asia적 공동체 고유의 '총괄적 통일체'의 인격적 구체화로서의 유일한 소유자는 形骸化하고 다수의 봉건적 지주—관료 전의 변신 형태—위에 성립하는 봉건적 군주로 변질하게 된다. 한편 후자의 경우도 귀착점은 동일하게 나타난다고 보아야 할 것이다. 다만 이 때 나타나는 봉건적 지주는 서구의 경우처럼 사적 소유자로서 나타나지 못하고 기본적으로 모든 토지 소유권은 국가에 귀속됨으로써 전제군주가 유일한 토지 소유자라는 동양적 관념—왕토 사상—이 뿌리 깊게 잔존하게 되고 따라서 농민도 국가에 대한 예속 농민이라는 형태를 취하게 되는 것은 아닐까?[57]

그런데 이러한 전근대 동양 사회의 특질을 논하는 경우 거의 예외 없이 인용하고 있는 Marx의 서술이 있다. 이를 자세히 살펴봄으로써 전근대 동양 사회의 봉건적 성격을 구체적으로 살펴보자.

---

56) 북인도 촌락에 Zamindari라는 계층이 나타나고 있음을 주목하라. 인도에 대한 논의는 小谷汪之, 前揭書를 참조.

57) 이와는 다른 견해가 있다. 즉 동양적 전제국가에 계기적으로 나타나는 사회 구성체는 소경영에 기초를 둔 어떤 의미에서든 봉건사회는 존재하지 않고 유일한 가부장제적 노예제만 존재한다는 것이다. 이러한 주장의 대표적 논자는 芝原拓自를 들 수 있다.

[Ⅲ]

더욱 명백한 것은 직접 노동자가 아직 그 자신의 생활수단 생산에 필요한 생산수단이나 노동조건의 '점유자'라는 형태에서는 어느 형태라도 소유 관계는 동시에 직접적 지배 · 예속 관계로서 나타날 수밖에 없고 따라서 직접 생산자는 부자유인으로 나타날 수밖에 없다, ① 不自由라고 해도 그것은 부역을 수반한 농노제로부터 단순한 공납의무에 이르기까지 점점 약해지는 것도 있다. 이 경우에는 직접생산자는 전제에 따르면 그 자신의 생산수단을 점유하고 있고 자신노동의 실현과 자신의 생활수단 생산을 위해 필요한 대상적 노동조건을 점유하고 있다. 그는 자신의 邀耕과 결합한 농촌가내공업을 독립적으로 영위하고 있다. ② 이 독립성은 예를 들면 인도에서처럼 이들 소농민이 서로 다소 자연 발생적인 생산 공동체를 형성하고 있다는 것에 의해서는 해소되지 않는다. 왜냐하면, 여기에서는 단지 명목상의 영주에 대한 독립성만이 문제이기 때문이다. 이러한 조건 하에서는 명목상의 토지 소유자를 위한 잉여 노동은 다만 경제외적 강제에 의해서만 강탈되는 것이며 이 강제는 어떠한 형태를 취한다 해도 마찬가지이다. 이것을 노예경제나 식민지 대농업과 구별하는 것은 노예는 여기에서는 타인의 생산조건으로 노동하고 있어서 독립적으로 노동하고 있지는 않는다는 점이다. 따라서 인신적 종속관계가 필요하고 어느 정도이든 인신적 부자유가 그리고 토지 부속물로서 토지에 긴박되어 있는 것이 즉 본래 의미의 隷農制가 필요하다. ③ 만일 그들이 직접적으로 토지 소유자로서 또한 동시에 주권자로서 상대하는 것이 사적 토지 소유자가 아니고 Asia에서처럼 국가라고 하면 지대와 조세는 일치한다. 오히려 그 경우에는 이 형태의 지대와는 다른 조세는 존재하지 않는다. 이러한 사정 하에서는 종원 관계는 정치적으로도 경제적으로도 이 국가에 대한 모든 신종 관계에 공통한 이상으로 가혹한 형태를 취할 필요는 없다. 국가는 최고 영주이며 주권은 국가적 규모로 집중된 토지 소유자이다. 그러나 그 대신 이 경우에 사적 토지 소유는 존재하지 않는다.[58]

58) カル·マルクス, 『資本論』, 第3部, pp.1013～1014.

(밑줄 그은 부분은 해석을 둘러싸고 논란이 있는 곳임)

이상의 내용은 대가 자본주의적 지대 분석을 위한 전제로서 봉건적 지대에 대한 기술 중 노동지대를 설명하고 있는 부분인데, 전근대 동양 사회와 관련하여 적어도 다음과 같은 점에서 유의할 필요가 있다.

첫 번째 밑줄 친 ①에 대한 것이다. 즉 不自由人으로서 나타날 수밖에 없는 직접생산자의 예속 정도가 다양하다고 해도 '단순한 공납의무'는 무엇을 의미하는가 하는 것이 문제이다. 이 점에 대해서는 농노제보다 훨씬 완화된 봉건적 잡속의 형태 즉 예를 들면 경감된 생산물지대나 화폐지대를 부담하는 봉건제 해체기의 소농부담으로 상정하는 것이 자연스럽다는 견해와 Asia적 공납제의 공납 의무까지 포함해야 한다는 견해가 대립하고 있다.[59] 그런데 앞에 인용한 내용의 전후문맥으로 보나 Marx가 『資本論』에서 사용하고 있는 Tribut라는 용례를 감안하면[60] 이는 봉건적부담의 변형된 형태를 의미한다고 보아야 한다.

두 번째, 밑줄 그은 ②부분—특히 자연 발생적인 생산 공동체—에 대한 해석은 봉건사회의 촌락공동체로 보아야 한다는 견해와

---

59) 전자는 통설적 입장이며 후자는 『資本論』 第Ⅲ部 第47章 第2節의 노동지대는 본래 봉건지대만을 논하고 있는 것이 아니고 본원적 지대 일반을 논하는 것이라고 보고 공납 의무에 대해서도 이러한 해석을 하는 사람들이다. 그 대표 논자로는 中村哲이 있다. 특히 中村哲, p.181 참조.

60) 『資本論』에 Tribut라는 용어가 사용된 또 다른 곳은 第1部 第4章, 第22章 및 第Ⅲ部 第35章이다. Ⅰ부에서는 화폐, 잉여가치가 자본으로 전화하는 과정을 설명하면서, Ⅲ部에는 귀금속과 외환시세를 설명한 곳에서 Tribut라는 용어를 사용하고 있을 뿐이다.

Asia的 생산양식의 기반을 구성하고 있는 본원적 공동체로 보아야 한다는 견해로 나뉠 수 있는데 이는 앞의 문제를 어떻게 이해하느냐에 따라 다르게 나타나는 것이다. 그러나 Marx의 생산 공동체에 대한 구체적 언급이 없어서 단정하기는 어렵지만, 여기서 문제는 생산 공동체의 구체적 성격에 대한 단정보다는 오히려 소농민 그들이 다소 자연 발생적인 공동체를 형성하고 있더라도 명목상의 영주에 대해 독립성을 지니고 있고 또 명목상의 토지 소유자를 위해 잉여노동을 지불하는 자로 규정하고 있다는 점이 중요하다. 이 점을 감안하면 이것도 역시 봉건적 토지 소유 하의 소농민에 대한 규정임에 틀림없다.

끝으로 가장 논란이 심한 밑줄 그은 ③에 대한 해석이다. 즉 지대=조세, 국가= 최고의 영주, 사적 토지 소유의 결여라고 하는 일련의 관계를 Marx가 Asia적 古代 전제국가의 착취 관계를 상정하고 한 기술인지의 여부가 문제이다.

국가가 최고의 토지 소유자로서 잉여의 주요 부분을 조세와 지대가 일치한 형태로 장악한다는 점 즉 잉여가 국가로 집중한다고 하는 한 그것은 Asia적 고대 전제국가에서 보다 단적으로 잘 나타나고 있음에 틀림없다. 그러나 이것만 가지고 이 내용을 Asia적 고대 전제국가에 대한 기술이라고 해석하는 것은 무리가 아닐까. 왜냐하면, 이 내용의 구체적 소재는 봉건적 노동지대가 영주와 농노 사이에서 어떻게 실현되고 있는지를 다루고 있는 것이므로 이 또한 봉건사회에 대한 Asia적 특질이 존재하고 있음을 보여준 것임이 틀림없다. 따라서 이렇게 볼 때 Asia적 봉건사회의 특징은 ① 외형상 국가적 규모로 집중된 토지 소유 이는 다른 측면에서는 사적 토지 소유의 결여를 의미한다. ② 국가=최고 영주, 지대=

조세라는 특질은 '국가적 봉건제'라고 할 만한 Marx의 Asia 봉건사회에 대한 기본규정이라고 할 수 있다.[61)]

물론 이러한 규정에 대해 반드시 짚고 넘어가야 할 문제가 있는데 그것은 Asia적 봉건사회에서의 '사적 토지 소유의 결여'에 관한 것이다.

결론적으로 말하면 Asia적 고대 전제국가하에서는 국가가 유일한 토지 소유자로 존재했다. 그러나 봉건사회 구성으로 이행한 후에 나타나는 국가=최고 영주라는 의미는 국가가 유일한 토지 소유자라는 것이 아니고 최상위에 있는 토지 소유자로 보아야 한다는 것이다.[62)]

---

61) 永原慶二, 封建社會のアジア的特質,『講座史的唯物論と現代』第3卷, 青木書店, 1979. 참조. 그런데 여기서 말하는 봉건제는 Lehnswessen에 매개된 주종제가 아니고 봉건사회를 규정하는 기본적 Uklad이며, 봉건적 토지 소유자와 토지 소유자와 봉건적 소농민간에 맺어진 생산양식이다. 이때는 봉조적 토지 소유자가 국가인가 개인인가 하는 것은 중요한 문제는 아니다. 왜냐하면, 어느 것이든지 명목적 봉건적 토지 소유자는 소경영 생산양식에 입각한 자립적 농민을 경제외적 강제를 통해 신분적으로 예속시켜, 그들이 생산하는 잉여의 기본 부분을 봉건지대로 착취하는 관계이기 때문이다. 또 이때 피착취자인 소농민 신분적 노예형태는 다양한 모습을 보인다. 사회 구성체로서 봉건사회는 말할 것도 없이 단일 Uklad로만 성립해 있는 것은 아니다. 본원적 공동체로부터 전개된 제2차적 사회 구성은 그 어느 것도 복수 Uklad의 복합 관계에 의해 성립하고 있다. 특히 봉건사회의 경우 봉건적 Uklad의 다른 Uklad에 대한 분쇄력과 동화력이 약하다는 것을 항상 고려해야 한다. 노예제와 농노제는 직접생산자의 존재형태, 신분적 예속의 정도라는 관점에서 보면 후자 쪽이 분명히 진화한 형태임에는 틀림없지만, 두 가지 Uklad는 현실적으로 배타적인 형태로만 존재하는 것은 아니다. 이 점은 Asia적 봉건사회를 이해하는데 있어서 매우 중요하다.

62) 永原慶二, 前揭論文.

어떤 동양적 봉건사회에서도 지주적 토지 소유는 미숙하지만 영주적 토지 소유는 서서히 형성되어 간다.[63] 이때 사적 지주나 영주적 계층이 지니는 토지 소유자로서의 위치는 역시 종속적·부차적인 것이며 잉여의 분배 관계에서도 국가가 최우위에 있으며 그것은 국가=최고 영주라고 규정할 수 있는 것이므로 당연히 국가가 최고 영주로 존재하는 한, 사인 영주는 독자적인 사적 토지 소유자로서 존재할 수 없는 것이 된다. 이러한 의미에서 '사적 토지 소유의 결여'를 해석하는 것이 타당하며 농민들의 사실상의 사적 소유까지를 부정하는 것은 아닌 것이다. Asia적 고대 전제국가하에서는 국가적 소유가 유일한 소유 관계로 나타나고 있음은 틀림없지만 설령 Asia적 봉건사회의 특질로서 사적 소유의 전개가 곤란하다는 조건이 존재했더라도 Asia적 고대 전제국가와는 명백히 구별해야 한다. 이 두 가지 역사 단계를 애매하게 하여 국가적 소유나 농민 수준에서의 사적 토지 소유 결여를 일률적으로 강조하게 되면 이는 정체론에 빠지는 우를 범하기 쉽게 된다. 그러나 이것을 역사 단계를 구별한 후, 봉건적인 동양 사회의 토지 소유 관계에 대한 특질을 논한 것으로 이해한다면 정체론과는 차별적인 Asia적 봉건 사회의 특질로 파악할 수 있다고 생각한다.

---

63) 여기서 지주적 토지 소유는 개인 영주나 국가 하에 존재하는 중간계층의 토지 소유로, 영주적 토지 소유는 개인적인 봉건적 토지 소유에 의해 농민을 지배하는 방식으로 구분하여 사용한다. 永原慶二, 前揭論文, 참조.

2. 한국 봉건사회에 대한 이론적 분석

지금까지의 설명은 전근대 동양 사회에 대해 추상 차원에서 이루어진 것이다. 여기서 분명해진 것은 지역, 민족에 따라 봉건사회가 반드시 한 가지 형태로만 나타날 수 없다는 사실과 또한 전근대 동양 사회에 관한 Marx의 이론에 대한 검토가 주로 고대—『諸形態』에서의 Asia적 공동체, 동양적 전제국가=총괄적 노예제, 『資本論』에서의 Asia적 공납제 등—에 집중되어 있는 데 반해, 중세에 대해서는 Marx의 독자적인 서술이 거의 없어 Asia의 중세를 연구하는 경우 직면하는 이론적 어려움이 고대의 경우보다 훨씬 크다는 사실이다.

따라서 동양적 봉건사회의 특질에 대한 관심은 상당히 크다 해도, 그것은 주로 동양적 봉건사회가 동양적 고대를 어느 정도까지 극복했는가 또는 동양적 고대의 특질이 동양적 봉건사회를 어떻게 규정하고 있는가 하는 문제로 집약된다.

따라서 우리나라의 봉건사회를 연구하는 경우도 이상의 범위를 크게 벗어 날 수는 없고 결국은 봉건제를 어떻게 규정할 것인가 또는 봉건제 성립의 곤란성이 무엇인가 하는 등의 문제로 연구가 귀결하게 되며, 이때 암묵적 전제로서 비교기준은 서유럽의 봉건제일 수밖에 없다. 물론 자칫하면 봉건제 개념에 대한 엄밀성이 무너질 염려가 있으나 Marx의 직접적인 서술이 없으므로 전자본주의 이론체계 속에서 동양의 봉건사회 나아가 우리나라의 봉건사회를 파악해야 함은 당연한 것이다.

이를 위해서는 봉건사회에 대한 일반적 규정인 토지 소유 관계, 직접생산자인 봉건 농민의 존재 양태, 봉건적 농민의 경제적 부담과 경제외적 강제가 우리나라 봉건사회에서는 어떻게 나타나고 있는지가 밝혀져야 하며 특히 봉건사회를 구성하고 있는 농업공동체의 구체적인 모습이 밝혀져야 할 것이다.

이러한 난점을 해결하기 위해서는 먼저 'Asia적 공동체'를 기초로 한 고대 동양 사회로부터 봉건적 동양 사회로의 이행과정이 밝혀져야 한다. 그러나 주지하는 것처럼 Asia적 공동체의 불변성으로 그 이행 모습이 분명하게 나타나지 않는 어려움이 존재하는 것도 사실이다. 따라서 우리나라 역사의 출발이 Asia적 공동체로부터이고 또 그러한 요소가 뿌리 깊게 잔존한 Asia적 생산양식을 기반으로 하여 발전했음을 전제로 할 때 우리나라 봉건사회 구조 분석을 위한 이론적 틀의 설정에는 다음과 같은 제약이 따를 수 밖에 없다.

첫째, 봉건사회의 일반적 규정의 엄밀성을 어느 정도까지 지킬 수 있는가 하는 점이다. 역설적으로 이것은 서구 봉건사회를 중심으로 한 일반적 규정의 엄밀성을 그대로 유지할 수 없음을 의미하는 것이다. 다시 말하면 서구 봉건사회의 특징을 꼭 그대로 비교기준으로 삼을 수는 없다는 것이다. 따라서 우리나라 봉건사회를 분석하는 데에는 봉건사회의 기본적 특징이라고 할 수 있는 小獨立經營 대 대토지 소유 관계를 유지하는 경제외적 강제의 강도라든가, 예속민의 경제적 부담의 정도 또는 농업공동체에 나타나고 있는 German적 공동체의 특질 등으로 유추해야 하는 어려움이 뒤따를 수밖에 없다.

둘째, 앞에서도 잠깐 언급했듯이 Asia적 공동체를 기반으로 한 Asia적 생산양식의 불변성이 잔존하는 경우, 그 발전단계를 어떻게 구분할 수 있는가 하는 점이 매우 곤란하다는 것이다.[64] 이에 대해 宮嶋博史는 우리나라의 역사 속에는 Marx流의 定式에 따른 古典古代奴隷制나 봉건적 유형을 찾을 수 없으므로 전근대 우리나라의 계급사회는 토지 소유 관계를 기초로 해서 ① 共同所有 一個別的 점유계급 ② 공동체 수장층이 사적 소유자로서 확립하는 계급 ③ 일반 농민이 사적 소유자로서 확립하는 계급의 세 계급으로 구분할 수 있다고 주장한다.[65] 물론 이 견해는 산뜻한 감은 주고 있으나 이 견해를 따르면 우리 역사 속에는 古典古代的 노예제나 봉건제의 유형이 뚜렷이 부각되지 않으므로 정식의 각 단계에 상응하는 단계를 설정할 수 없다는 결론에 이르게 된다. 그런데 이를 그대로 수용하게 되면 특히 근대화 과정을 염두에 두면 Asia적 생산양식으로부터 자본주의로 이행이 가능한 것인가 하는 의문이 생긴다.

이상과 같은 제약에도 불구하고 우리 역사에서 봉건사회의 존재를 거의 모든 經濟史家들이 암묵적인 존재로 받아들이고 있다. 실제로 이제까지 나타난 조선 봉건사회에 대한 논쟁을 검토해보

---

64) 이러한 곤란을 극복하기 위해 소유론적 입장에서 분석하는 대담한 시도가 나타나고 있으나 아직은 많은 검토가 이루어져야 한다고 생각한다. 宮嶋博史, 朝鮮史研究と所有論-時代區分についての一提言-, 『人文學報』, 第167號, 1984, 3. 참조.

65) 宮嶋는 上揭論文에서 이를 제1차적 Asia적 생산양식, 제2차적 Asia적 생산양식 및 제3차적 Asia적 생산양식으로 이름짓고 있어 전근대 우리나라의 발전단계를 Asia적 생산양식단계로 규정하고 있는 인상이 강하다. 宮嶋의 견해에 대한 검토로는 姜晉哲, 麗代로의 陳田에 대한 권利問題—村落經濟의 基盤 農民的土地所有와 關聯시켜, 『韓國中世史土地所有研究』 收錄 및 李榮薰, 朝鮮社會構成의 歷史的性格에 관한 약간의 고찰, 『泰東古典研究』, 第2輯, 1986 등을 참조.

더라도 이러한 점은 분명히 나타나고 있다. 우리 역사에 처음으로 봉건제라는 개념을 제시한 것은 福田德三의 봉건제 결여론이라고 할 수 있다. 그는 양반·촌락·씨족 등의 존재, 상공업의 미발달, 토지 소유의 결여, 자족 경제 등과 같은 현상이 조선말까지 존재하고 있어 봉건 제도가 출현하고 있지 못하므로 자력으로는 근대적 발전이 불가능했다고 주장하였으며 그의 이런 논의는 그 후 많은 경제사가들에게 계승되어 이른바 조선 정체론으로 변모하여 일본 학계에 정착하게 되었다. 이러한 논의에 흐르고 있는 봉건제에 대한 기준은 封土制와 같은 전형적 서구의 봉건제 개념으로 단순히 봉토제의 존재유무로 판단한 것이다.

한편 이러한 견해에 대해 유물사관에 입각한 역사 발전단계론 입장에서 우리나라에서 특수한 봉건사회의 존재를 주장한 학자들이나,[66] 1960년대 들어 나타난 시대구분의 논쟁에 가담한 많은 학자의 주장이 나타나 있다. 먼저 백남운의 주장을 보면[67] 그는 씨족공산사회→노예제사회(三國～新羅統一)→아시아적 봉건사회(統一新羅末～朝鮮時代)라는 시대구분을 설정하고 한국사에도 원시사회→노예제→봉건제라는 단선적인 세계사의 발전법칙이 예외없이 관철되고 있음을 논증하고 있다. 그가 봉건사회를 '아시아적' 봉건사회라고 규정한 것은 우리의 봉건사회가 서구·일본과는 달리 토지 국유제를 기반으로 한 중앙집권적 관료 지배

66) 李北滿, 白南雲, 全錫淡 등의 1950년대 이전의 견해와 1950년대 이후의 북한학계의 논쟁들이 있다. 이들에 대한 소개로는 木村誠, 朝鮮近代の時代區分, 『新朝鮮史入門』, 龍溪書舍, 1981 참조.

67) 白南雲, 『朝鮮社會經濟史』, 改造社, 1933年.

형태를 취하고 있다는 것을 강조한 것이다. 봉건사회에 대한 그의 주장은 토지 국유제 하에서도 사적인 대토지 소유가 형성되나 이것은 변칙적이고 한정적인 것으로 어디까지나 토지 국유제가 토지 소유 관계의 기축으로서 이것이 아시아적 봉건사회의 특질이라는 것이었다. 그의 주장은 토지국유에 집착한 면이 강하게 나타나지만, 그 후의 이른바 토지 국유 논쟁에 많은 영향을 미쳤다. 그러나 토지국유론만으로는 봉건사회의 아시아적 특질이 밝혀질 수는 없다. 그 후 북한의 사학계를 중심으로 이 논쟁은 더욱 진전되었다.[68]

그러나 그들의 논쟁은 주로 토지 국유제를 인정할 것이냐 아니냐 하는 점에만 매달려서 진행되어 국유제냐 사유제냐 하는 식의 양자택일적 대립 경향만을 격화시켜 조선 봉건사회 구조 해명에는 이르지 못하였다.[69]

한편 1960년대에 들어서 시대구분 논쟁이 본격화되고 시대구분에 대한 제의도 다양해졌다.[70] 또한 1967~68년대에는 시대구분에 관한 조직적 토론이 행해지고 그 성과로서 1970년에 『韓國時代區分論』이 간행되었다.[71] 여기에는 많은 학자가 참가하여 각기 독자적 시대구분론을 제기하였고 그중 주목할 만한 것은 姜晉哲 敎授의 견해였다.[72] 그는 원시공동체→고대노예제사회(삼

---

68) 木村誠, 前揭論文.

69) 김흥식, 한국중세에 있어서 봉건제론, 『한국자본주의성격논쟁』, 大旺社, 1988.

70) 예를 들면 조기준, 『韓國經濟史』, 日新社, 1962. 최호진, 『韓國經濟史概論』, 普文閣, 1962.

71) 한국경제사학회, 『韓國史時代區分論』, 乙酉文化社, 1970.

국·통일신라~고려중기의 무신집권기)→중세 봉건사회(조선 시대)라는 독특한 시대구분을 보여주고 있다. 그의 견해는 국가와 농민 간의 관계를 직접 연결해 수탈관계를 밝힌 것이 특징이어서 공동체나 제지세력의 역할을 과소평가하는 문제점이 있는 것도 사실이다.

이처럼 우리나라 역사의 시대구분이나 봉건제에 대해서는 다양한 논의가 전개되고 있다. 그러나 다양한 주장이 나타나 있음에도 불구하고 우리나라 사회의 특징이 중앙집권적 관료제 국가를 통해 나타나고 있다는 보통적 관점이 존재하고 있다. 이 문제는 오래전부터 동양 사회 연구의 중요한 과제로 등장했던 것이다. 이러한 점에서 Asia적 특질에 관한 연구가 중요하며 특히 사회 구성이 봉건적으로 되었다고 하더라도 그 상부구조에 아시아적 전제주의의 유제가 그대로 잔존하고 있음을 어떻게 설명할 수 있을까 하는 것이 중요하다.

또한, 중요한 것은 어떤 요인이나 요소를 가지고 봉건사회의 존재를 인정할 수 있느냐 하는 점이 분명히 밝혀져야 한다는 것이다. 이 점을 감안하면 Asia적 공동체가 어떻게 봉건적 형태로 전화되었는가 하는 점과 관련하여 우리나라의 봉건사회 분석을 위한 이론적 틀이 설정되어야 한다.

주지하는 것처럼 봉건 한국의 경제발전단계는 자급 자족적 자연 경제단계인 농업사회이다. 그런데 이러한 농업사회의 재생산

---

72) 강진철, 한국사의 시대구분에 관한 一試論, 『진단학보』, 29·30合併號, 1966 및 고려전시과 체제하의 농민의 성격, 『한국사시대구분론』 所收 등 참조.

단위는 성격상 질적으로 성질을 달리하는 두 가지 단위로 구분할 수밖에 없는데, 하나는 매년 농작물을 경작하거나 가축을 사육하는 직접 생산 단위이며, 또 다른 하나는 이러한 단위의 근본 전제이며 기초적 생산수단인 토지를 유지·재생산하기 위한 단위이다. 말할 것도 없이 농업사회에서 기초적 단위집단을 이루고 있는 것은 후자이며 이것이 바로 농업공동체라는 것인데 반해 전자는 후자인 농업공동체의 하위적 구성 집단으로 존재하는데 불과한 가족이 그 일반적 형태를 이루고 있다. 이와 같은 농업사회는 일정한 발달단계에 이르면 국가적 통합을 요구하게 된다. 그 이유는 첫째, 토지를 기초적 생산수단으로 점유·확보하고 끊임없이 토지를 유지·재생산해야만 하는 농업공동체에서 토지 소유 관계는 무엇보다도 안정적·항상적인 것이 되어야만 하는데, 이를 위해서는 개별 공동체 상호 간의 집단 무력에 의해 토지의 배타적 점유관계가 성립한다는 점, 둘째로는 정주생활에 의한 인구증가와 농업생산력의 증대는 개별 공동체의 범위를 초과하는 다수 공동체의 공동행위에 의해 광대한 지역의 대규모적 개발이나 개량이 필요하게 되는 동시에 이를 가능케 하는 여력을 구축할 수 있게 한다. 즉 Marx가 『經濟學批判要綱』에서 지적하고 있는 것처럼 농업공동체는 "재생산과 잉여생산의 모든 조건을 자기 자신 내에 갖고 있다"는[73] 요소를 내포하고 있다는 점에 있다.

다수 개별 공동체의 이러한 공동행위와 결합에 대한 요청은 다수 공동체를 하나의 통합적 공동체로 조직하고, 개별 공동체를 그

73) カル·マルクス, 高木幸二郎監譯, 前掲書, p.409.

하위적 구성체로 재편성하여 이를 통해 통합적 공동체를 토지의 상위 소유자로 하고 개별 공동체의 토지 소유는 상위 소유자로부터 토지를 분여·배분받은 하위 토지 소유로 함으로써 토지 소유관계를 가장 안정적·항상적으로 실현하는 것이며 이것이 바로 공동체 자체의 공동체적 통합 관계인 것이다.

이러한 결과가 출현하는 것이 농업공동체의 중층적·계층적인 Pyramid형 구조이며, 이것을 반영한 공동체적 소유 관계도 중층적·계층적 Pyramid형이다. 물론 그 조직원리는 혈연관계의 擬制임은 틀림없지만, 이것은 나아가 공동체간의 신적·신화적 결합 관계로 발전하게 되고 전면적인 국가화로까지 발전하게 되면 당연히 토지와 인간 간의 공동체적 귀속 관계가 국가화되어 소위 공지·공민화되고 개별 공동체 수장들은 국가 귀족화 소위 관인귀족화함으로써 전제주의적 중앙집권적 조직화를 수반할 수밖에 없다. 이것이 바로 고대적인 중앙집권적 행정국가의 성립이며 동양적 전제주의로의 이행이다.

그런데 앞에서도 언급했듯이 정주적 농업사회의 근저를 이루는 것은 토지의 유지·재생산이며, 이를 위한 기초적인 사회집단이 농업사회의 기초단위집단—기초적 공동체 또는 단위공동체로서의 농업공동체—를 이루는 것이고 직접적인 노동생산단위—가족—은 이 기초적 단위집단의 하위적 구성 부분을 이루는 것이다. 그리고 농업공동체의 혈연적인 조직원리의 실체는 기초적인 단위집단에 대한 개별 생산 집단의 전면적·전반적인 소속 관계이다. 즉 개개인은 가족 등의 직접적 생산 집단에, 개별 생산 집단은 기초적 단위집단인 농업 공동체에, 전면적·전반적으로 소속되는바, 이러한 조직 원리의 관념적 擬制形態가 혈연적 조직 원리임이 틀림없다.

그런데 다수의 농업공동체가 국가적으로 통합하는 것은 이러한 기반공동체가 국가적 통합체의 하위적 구성 부분으로 전화하고 자기 완결적 전체성을 상실하는 것을 의미한다.74) 더구나 이것은 기초공동체 내부관계에 반작용하여 개별가족이나 개개인의 공동체적 소속 관계를 부분화하고 특수화시킨다.75)

공동체적 소속 관계나 귀속 관계의 이러한 부분화나 특수화는 당연히 개별 공동체 성원의 토지 보유 관계에서도 반영된다. 즉 공동체 성원이 보유하는 토지는 공동체가 배분하고 할당한 것이고 그들의 사유물은 아니었으나 공동체의 부분화나 특수화는 이에 대해 해체 방향으로 작용하여 사물화, 가산화를 초래할 수밖에 없게 된다. 이것은 소위 실질적 평등원리의 해체로 나타난다. 왜냐하면, 이 원칙은 공동체적 귀속 관계의 전체성, 전인격성의 일측면에 불과하기 때문이다.76) 그리고 이러한 해체작용은 공동체

---

74) 이전까지 그들이 소속했던 공동체는 그들에게는 전 세계고, 자기 완결적 전체이며 그 존재의 全目的이고 全價値였지만 이제는 보다 상위적 국가 통합체의 하위적 구성 부분으로 전락하여 다른 많은 구성 부분과 마찬가지로 하나의 구성 부분에 불과하기 때문이다. 더구나 그들이 공동체에 속하는 것은 전인격적·신비적 필연성이 아니고 운명과 같은 우연성이며 현실적 생활을 위한 수단에 불과한 것이 된다.

75) 공동체적 소속 관계의 부분화를 결정적으로 추진하는 것은 공동체 무력의 국가적 무력으로의 통합이며, 조직화일 것이다. 왜냐하면, 이전에는 토지와 농업 생활을 궁극적으로 보장하는 것은 타 공동체에 대해 토지를 배타적으로 확보하고 점유하기 위한 무력이었으며, 이러한 공동체 무력이 그들을 공동체에 전반적으로 전인격적으로 결박시키는 현실적인 紐帶였지만, 이제 그것을 보장하는 것은 이들 공동체보다 상위의 국가 무력이기 때문이다.

76) 岩田弘, 『現代社會主義と世界資本主義』, 批評社, 1989, pp. 248~263 참조.

성원의 계급분열, 혈연적 공동체 서열의 계층적 서열이나 차별로의 전화, 일부 성원의 공동체로부터의 이탈이나 토지상실을 초래할 수밖에 없다.

기초공동체의 이러한 해체 경향을 오히려 위로부터 촉진하는 것은 공동체 국가 자체의 변질일 것이며 그 공동체적 보편성의 상실일 것이다. 앞에서 잠깐 언급한 것처럼 공동체적 종교가 국가종교로 전화하거나 共同體諸首長이나 諸貴族이 국가귀족으로 전화하는 것도 그들과 공동체와의 일체성을 무너뜨리고 그들이 국가를 지배하는 특수 신분, 특수 이해집단으로 전화하는 것을 의미한다. 이것은 주지하는 것처럼 그들에 의한 공동체 국가나 諸機關의 사물화, 가산화이며 그들 간에 행해지는 사적 지배이다.

그렇지만 이와 같이 기저와 頂點의 양쪽에서 상호촉진적으로 일어나는 공동체와 공동체 재산이나 諸機關의 사물화는 처음부터 근본적 한계에 부딪힐 수밖에 없다. 그 이유는 반복하여 강조하지만, 농업의 기초적 생산수단을 이루는 토지는 가족 등의 개별노동 생산집단에 의해 유지·재생산되는 것이 아니라 공동체적인 집단노동이나 집단행위를 필요로 하는 것이며 나아가 이들 공동체의 지역적, 지방적인 공동노동이나 공동행위를 필요로 하기 때문이다. 결국, 이 사물화는 이러한 공동체 관계의 한계 내에서의 사물화일 수밖에 없다는 점과 둘째는 토지의 배타적 점유를 보장하는 것 즉 모든 토지 소유의 궁극적 원천은 본질적으로 집단 무력이며, 또 농촌사회에서는 불가결한 토지 소유의 안정적 유지는 이들 집단무력의 지역적, 지방적, 全土的인 공동행위와 결합을 요구하기 때문이라는 점에 있다.

결국 이 사물화는 집단무력에 의한 토지의 배타적 점유관계 내에서의 사물화에 불과하여 보다 구체적으로는 국가의 상위적 토지 소유 범위 내에서의 사물화에 불과한 것이다. 물론 이러한 점은 기초 공동체 내에서의 토지 사물화에 합당할 뿐만 아니라 이에 대한 상위적 토지 소유의 사물화 즉 중앙이나 지방의 국가 귀족에 의한 토지 사유화에도 합당한 것이다. 이와 같은 상위적 토지 소유 자체에 의한 사물화를 용인하고 보장하는 것도 궁극적으로는 공동체 국가의 무력이며 이것은 결국 국가 무력에 의존하고 기생하는 토지의 국가적 영유 관계 내에서의 사물화·가산화일 수밖에 없다. 추상적으로 말하면 토지 소유 관계는 토지와 인간 간의 관계가 아니고 토지에 대한 인간집단과 인간집단간의 사회관계이며 개별가족이나 개개인에 의한 토지 사유는 이러한 사회관계의 한계 내에서의 사유 관계일 수밖에 없는 것이다.

이상은 동양적 전제주의에 대한 설명이다. 이제 이러한 사회가 봉건적 성격의 사회로 어떻게 변화해 가는가 하는 것을 살펴보아야 한다. 일반적으로 봉건사회의 기초적 공동체를 구성하고 있는 German적 공동체와 관련해 분석해야만 농업공동체의 봉건적 속성이 뚜렷이 부각되고 나아가 사회 전체의 봉건적 성격을 분명히 할 수 있다.

Manor制로 알려진 중세적 German 공동체의 근본적 특징은 영주가 자신이 영유하는 토지를 각각의 촌락에서 영주직영지와 농민보유지로 분할하고 농민의 토지 소유에 대해 영주직영지에서 일정한 노동에 종사하는 부역을 부과한다는 점에 있다. 이것은 다시 말하면 영주가 농민에 대해 토지분배를 기준으로 하여 영주를 위한 농업적 재생산과 농민가족을 위한 농업적 재생산을 부락단위로 결합하고 통합하는 하나의 부락적 System을 형성하고 있는 것이며 그 基軸을 이루는 것이 이른바 '混在耕地制'이다. 또한, 이 경우에 일정 면적의 토지가 삼림, 초지 등으로 직접적 농업생산으로부터 유보되어 있어서 농민들이 이를 공동 이용하는 데에는 농민 가족에 대한 배분지를 기준으로 엄중하게 제한되고 규제되어 있는데 이는 분배지를 기준으로 각 농가에 부역의무가 부과되고 있는 이상 지극히 당연한 것이다. 즉 공유지는 농민보유지인 동시에 영주의 영유지이며 농민의 공동지 이용은 부역 의무에 비례하여 엄중하게 규제되고 제한되어 있는 것이다.

그러면 이러한 German적 공동체의 특징은 구체적으로 무엇인가를 살펴보고 그것이 동양적 봉건사회의 농업공동체에서는 어떻게 나타날 수 있는가 하는 점을 살펴보자. German적 공동체의 특징은 첫째, 말할 것도 없이 촌락공동체의 중추 기구—공동체 규제—와 영주에 의한 촌락공동체의 지배영유의 중추 기구가 합일하고 일체화되어 있다는 점이다. 즉 농업재생산의 유지·존속을 위한 공동체규제의 중추 기구와 농민을 지배·착취하기 위한 영주규제의 중추 기구가 합체되어 있으며 이것이 집중적 표현이 촌락의 행정기관도 겸하고 있는 영주재판소인 것이다.

이러한 사정은 일면에서는 무력에 의한 지배·복종 관계를 근본원리로 하는 영주권력이라고 하더라도 단지 무력적 강제만으로는 직접적인 생산자집단을 지배·착취할 수 없으며 지배와 착취를 안정적으로 유지·재생산하기 위해서는 농업적인 재생산 공동체의 중추 기능을 자기 자신의 기능으로 조직하고 이것을 지배와 착취의 기반으로 해야 함을 의미한다. 그러나 이것을 동시에 농민공동체 측에서 말하면 그 중추 기능이 이미 공동체 자신으로부터 이탈되어 영주의 권력기능으로 전화하고 전화된 부분만큼 농민상호

간의 자치적인 공동체 관계가 축소되고 그만큼 그들이 영주에 의존하는 관계로 전화되었음을 의미하는 것이다.

앞에서 설명한 것처럼 공동체 관계는 기초적 공동체 자신의 내부관계와 이들 기초적 공동체 상호 간의 공동체적 결합 관계의 두 가지로 구성된바, 전자의 중추를 이루는 것이 공동체 성원에 대한 토지분배와 토지·지력의 유지·재생산을 포함한 농업적 재생산의 유지·보장이며, 후자의 중추는 공동체적 토지 소유와 이를 위한 공동체무력의 지역적·지방적·전토적인 다중적·다층적인 통합이며 이에 의한 공동체적 토지 소유의 안정화였다. 이 중에서 후자는 이미 고대에 국가권력으로 전화하고 있었지만, 봉건제 사회에서는 이뿐만 아니라 전자의 공동체 내 관계의 중추부분도 영주권력 기능으로 전화하고 있는 것이다.

공동체 내부관계로부터 이러한 중추 기능을 제거하면 농민 상호간의 자치적인 공동체 관계 즉 그들 자신의 촌락공동체적인 자치관계로서 남는 부분은 직접적인 농업생산을 위한 촌락 규모의 상호협력이나 가족생활을 위한 촌락 규모의 상호부조 정도일 것이다. 이러한 공동체 관계 특히 그 내부관계의 대폭적인 축소와 부분화를 의미할 수밖에 없는 것이고 동시에 개별농민 가족이 지녔던 공동체에 대한 귀속 관계가 대폭으로 축소되고 부분화됨을 의미하는 것이다.

둘째, 이러한 과정의 결과로서 당연히 나타나는 것이지만 촌락공동체적인 결합 관계가 이완되며 이로부터 개개성원의 자립화와 개별화 보다 구체적으로 말하면 개별 농민 가족의 농업경영이나 농업 생활의 개별화와 자립화가 나타난다. 이것은 물론 다른 공동체—즉 Asia적 형태나 고전 고대적 형태를 말함—에 비해 개별성원의 자립화나 개별화가 진전되었다는 의미이다. 다시 말하면 봉건제는 본질적으로는 토지와 인간에 대한 무력적인 영유와 지배라 해도 농업공동체의 중추 기능이 영주기능을 모개로 하고 있기 때문에 직접적인 인격적 강제에 크게 의존하지 않아도 된다. 이러한 특정한 매개 기구로 영주 권력이 집중하는 것은 영주의 지배와 착취를 농민에 대한 토지 배분과 이를 기준으로 하는 부역 의무에 집중하여 효율화되고 강화된다. 물론 이 토지 배분과 부역의무는 당사자들의 자유로운 인격을 전제로 하는 권리와 의무의 상호교환 관계는 아니다. 그것은 영주와 농민이 각기 자유의사로 토지를 대여받고 또 그 대가로 노동 용역을 제공하는 자유로운 계약 관계도 아니다. 이것은 본질적으로 영주 무력에 의한 농민의 토지에 대한 긴박관계이며 이를 근거로 농민에게 부역을 강제하는 관계이다. 이는 직접적 인간관계—무력에 의한 인간집단 상호간의 직접적인 지배·복종관계—로부터 사실상 物—토지—를 모개로 하는 간접적인 인간상호 관계로 전화하고 있음을 보여주는 것이며 이것이 고정화하고 관습화함에 따라서 물에 대해서도 관습적인 권리·의무관계로 전화할 가능성을 간직하고 있음을 나타내는 것이다.

이상과 같이 봉건제의 기초공동체인 German 공동체의 특징을 정리하면77) 동양적 봉건사회의 봉건적 성격의 양상은 다음과 같이 나타난다고 볼 수 있다.

농촌사회의 기초적 생산수단인 토지를 유지·재생산하기 위한

77) 岩田弘, 前揭書, 第Ⅱ部, 第3章 참조.

단위집단인 농촌공동체가 국가적 통합을 계기로 다수의 개별 공동체를 하나의 통합적 공동체로 편성하고, 이 과정을 통해 통합적 공동체가 토지의 상위 소유자로, 개별 공동체는 상위 소유자로부터 토지를 분여·배분받은 하위소유자로 전락함으로써 공동체에 중층적·단층적 Pyramid형의 구조가 나타나며 이를 반영한 공동체적 토지 소유 또한 중층적·단층적 Pyramid 구조를 보여 봉건사회 구조의 특징인 Pyramid型의 Hierarchie 구조를 갖추게 된다.

그리고 이것이 국가규모로 진행되는 공동체적 통합관계로 발전하면 당연히 토지와 인간 간의 공동체적 관계가 국가화되어 公地·公民化되고 개별 공동체 수장은 관인귀족화된다. 또 다수의 농업공동체가 국가적 통합체의 하위적 구성 부분으로 전화하면 공동체적 귀속 관계도 변화함으로써 개별 공동체 성원간의 토지 소유 관계가 변하게 된다. 즉 공동체 성원이 보유하는 토지는 그들의 사유물은 아니지만 공동체적 소속 관계나 귀속 관계가 부분화됨에 따라 점차 사물화·가산화를 초래하게 되어 소독립 경영으로 나타나게 되고 결국 공동체 성원간의 계급분열을 일으킨다. 그리고 이러한 기초공동체의 변화를 촉진하는 것은 공동체 국가 자체의 변질이다. 즉 이러한 변화는 공동체 수장이 국가귀족으로 전화하여 국가를 지배하는 특수신분, 특수이해집단으로 변화하는 것에 기인하는 것인데, 이는 주지하는 것처럼 공동체적 제기관의 사물화, 가산화이며 그들 간에 행해지는 사적 지배이다. 그런데 이러한 사물화는 궁극적으로 공동체 관계 내에서 국가의 상위적인 토지 소유 한계 내에서의 현상에 불과한 것이며 바로 이 점에 Asia적 공동체의 鞏固性이 있는 것이다. 따라서 변화의 진행속도는 더딜 수밖에 없다.

그러나 공동체가 발달하면 촌락공동체적인 자치기관으로서 촌락 규모의 상호협력이나 상호부조 정도가 남게 되는데 이것은 공동체적 내부관계의 대폭적 축소와 부분화를 의미하는 것이며 결국은 촌락공동체적 결합기관의 이완으로 인하여 개별구성원의 개별화, 자립화를 진행하는 것이다. 이러한 현상이 동양 사회에서는 개별농가에 대한 土地緊縛으로 나타나는데 이는 동양에서도 봉건제로의 이행을 엿볼 수 있는 중요한 단서가 된다.

이상의 내용을 중심으로 우리나라 봉건사회를 분석하는데 그 출발점을 농업공동체의 성격이나 형태를 확정하는데 두고 어떠한 점에 집점을 맞추어야 하는가를 살펴보자.

다음 그림은 이상의 내용을 요약한 것인데 이에 나타나 있는 것처럼 상위적 구성 부분이 동양적 전제주의로부터 중앙집권제적 관료제로 전화함으로써 공동체의 안정적인 유지·재생산을 더욱 강화하고 이에 대한 반영으로서 하위적 구성 부분의 변화를 보는 것이 가장 중요하다고 생각한다. 특히 촌락 자치기관의 기능으로서 상호협력이나 상호부조가 어떠한 형태로 남아 있는가 또 하위적 구성 부분을 이루고 있는 개별 구성원의 개별화·자립화가 진전됨으로써 기본적 생산수단인 토지의 소유 형태가 개별구성원별 토지긴박이 이루어짐에 따라 공동체적 집단소유 형태가 변화하고, 개별구성원의 토지긴박을 통해 중앙집권적 국가권력이 더욱 공고해지는 기반을 이루게 된다. 마치 국가의 국왕을 유일한 정점으로 저변에는 개별구성원이 있어 사회 전체적으로 계층적 서열이 Pyramid형을 이룬다.

그림 1. 東洋社會의 發展過程

단계 및 발전계기	각 단계의 농업공동체에 나타난 특징
개별 공동체 : Asia적 형태	
↓	통합계기: 기본적 생산수단의 유지·재생산을 위한 공동노동의 필요
국가적 규모의 공동체 통합	동양적 전제국가 상위적 구성 부분: ○국왕의 탄생 ○개별 공동체 수장의 官人貴族化
← 공동체 내부 편제의 변화	하위적 구성 부분: ○중층적 Pyramid형 공동체 구성 ○공동체의 집단적 토지 소유-상위적 토지 소유한계내의 사물화·가족화 ○공동체 구성원간 계층분화
↓	
공동체 귀속 관계의 解弛	동양적 봉건사회 상위적 구성 부분: ○권력의 중앙집권화 가속 ○가장 강력한 봉건국가 형태(국가적 농노제 또는 국가적 봉건제) 하위적 구성 부분: ○개별 공동체의 잔존 부분-촌락동체의 자치기관 즉 상호협력 내지 상호부조 ○개별구성원의 개별화·자립화 진전: 공동체적 집단소유로부터 개별적 토지긴박 규정 등장 ○전단계의 계층분화심화 →지주·소작관계의 발생가능

이러한 외관을 강조하게 되면 국가 봉건제나 국가적 농노제와 같은 이론의 설정이 가능해지지만 중요한 것은 외형상의 특징이 아니고 기초공동체 내지는 농업공동체의 성격이다. 따라서 앞에서 설명한 German적 공동체의 일반적 특징이 우리나라 봉건사회의 농업공동체—기초공동체로서 하위적 구성 부분을 이룸—에 어떻게 나타나고 있는가가 분명히 밝혀져야 하는 것이고 이러한 점에서 그 이론적 구성은 경제사의 일반적 발전법칙이라는 측면에서도 크게 벗어나지 않는 것이다.

끝으로 우리나라 봉건사회의 구조를 분석하는데 앞서 선행되어야 할 것은 언제부터 우리나라에 봉건사회가 시작되었는가 하는 점이 밝혀져야 한다. 그런데 이것은 이것만으로도 대단히 커다란 주제가 될 뿐만 아니라 본고의 주제와 직접 관련이 적으므로 여기에서는 본고와 관련된 범위 내에서 봉건사회의 기점과 그 규정을 간단히 언급하고자 한다.

봉건사회를 언제부터라고 할 수 있느냐에 대해서는 이설이 여러 가지 있으며[78] 또한 봉건사회를 규정하는 기준에 대해서도 여러 가지 설명이 있으나 그중에 하나의 기준은 직접생산자의 사회적 존재 양식과 경제적 부담을 들 수 있다. 직접생산자로서의 봉

78) 대표적인 시대구분의 예를 들어보면
白南雲: 씨족공산제사회-노예제사회(三國~統一新羅)-아시아적 봉건사회(統一新羅末~李朝)
全錫淡: 원시사회-봉건사회(三國~李朝)
趙璣濬: 원시사회-아시아적 고대사회(三國~統一新羅)-중세봉건사회(高麗~李朝)
崔虎鎭: 원시사회-동양적 고대사회=총체적 노예제사회(三國)-동양적 봉건사회(統一新羅~李朝) 등이 있다. 자세한 것은 木村誠, 前揭論文을 참조.

건적 농민이 다른 역사적 범주의 직접생산자와 구별되는 특징은 그들이 자기 책임 하의 가계를 가지고 자기계산 하의 농업경영을 하는 소독립생산자라는 점이다. 이러한 시점에서 볼 때 다음 기사는 매우 중요하다. 즉

聖德王二十一年秋九月 始給百姓丁田[79]

이 기록에 의하면 丁年에 달한 개별농민에게 丁田을 내려주었다는 것인데, 丁田을 지급받는 백성은 개별경영을 하는 소독립생산자라고 할 수 있어, 적어도 삼국통일기를 전후하여 농민의 봉건적 성격이 분명해졌고 정전의 급여는 이러한 현실의 제도적 확인이라고 할 수 있다.[80] 그러나 거의 비슷한 시기에 작성된 것으로 보이는 신라촌락 문서에는 농민보유지가 개별적으로 기재되어 있지 않고 마을 단위로 기재되어 있어 토지 보유의 사적 성격이나 개별경영이 성립하지 못하고 있음을 보여준다.[81] 이와 같이 정전의 지급과는 전혀 다른 기록의 존재는 어떻게 이해할 수 있는가? 이것은 서로 상충하는 기록이라기보다는 당시 사회의 과도기적 성격을 반영하는 것이라고 하겠다. 직접 생산자의 존재 양태를 기준으로 하는 경우 한국 봉건사회는 통일신라 이후부터 조선기 전반에 걸친 시기라고 할 수 있다.[82]

---

79) 『三國史記』, 新羅本紀 第八.

80) 朴峻緖, 集權制의 經濟的 基礎, 『韓國經濟』 第 9輯.

81) 旗田巍, 新羅の村落-正倉院にある新羅村落文書の硏究, 『朝鮮中世社會史の硏究』, 法政大學出版局, 1972, pp.415～462.

82) 이 점에 대해서는 愼鏞廈 교수가 단계를 구분한 두레 중 제2단계의 두

이상의 시기 구분은 봉건사회를 나타내는 중요한 지표 중의 하나인 직접생산자의 사회적 존재형태를 기준으로 삼은 것이다. 또 하나 중요한 것은 경제적 부담의 개별부담 여부가 밝혀져야 봉건사회를 규정할 수 있다. 그런데 이것은 봉건사회를 규정하는 공동체 분석에서 대단히 중요한 것이므로 후에 자세히 다루도록 하겠다.

그러나 본고의 분석집점은 봉건 한국에서 나타나고 있는 공동체의 확인이다. 따라서 앞의 이론적 검토에서 살펴본 것처럼 동양적 봉건사회 내부에 존재하는 농업공동체의 특징은 상위적 구성부분을 이루는 국가의 형태와도 밀접한 관련이 있는 것이므로 강력한 중앙집권적 관료제가 등장하기 시작한 조선 시대를 중심으로 그 분석시기를 한정하여 살펴보고자 한다.

레가 나타난 시기와도 일치한다.

Ⅲ

한국 봉건사회의 구조
- 기반조직으로서 농업공동체의 검토 -

제1절 촌락공동체의 존재 형태

우리나라 봉건사회의 경제발전단계는 자연경제를 기반으로 한 자급자족적 단계이며 이러한 경제의 營爲는 촌락을[1] 중심으로 이루어졌다. 그런데 문제는 이러한 촌락이 어떠한 성격을 가졌었느냐 하는 것인데 여러 사료를 중심으로 살펴보면 자치구조적 성격보다는 인위적인 행정기구적 성격이 부각되고 있음을 부정할 수 없다. 그러나 또 한편 항상 인위적 조직의 체제를 개편, 강화하는 형태로 시책이 실시되고 있어서 완전한 행정기구로서의 위상을 갖추기 있지 못했던 것도 사실이었다. 이러한 것은 당시의

---

1) 주된 분석대상은 촌락의 형태, 범위 등등에 관한 것이 된다. 그 이유는 봉건사회의 기반인 농업공동체의 성격을 이로부터 유추할 수 있기 때문이다.

행정이나 통치수준의 한계를 보이는 것이라고도 할 수 있으나 본질적으로는 징세나 치안유지를 위해 자치적 성격이 강한 촌락을 지나치게 인위적 틀에 얽어 메려고 하는데서 나타나는 현상일 수도 있다.

이하에서 이러한 점을 염두에 두고 우리나라 봉건사회에 내재하고 있던 촌락의 공동체적 성격과 그 형태를 살펴보자.

우리나라 봉건사회의 촌락 구성에 대한 논의를 진행하기 위해 『經國大典』에 나타나 있는 다음의 규정부터 살펴보자.

> "京 · 外 以五戶爲一統 有統主 外則每五統 有里正 每一面有勸農官 京則每一坊有管領" 2)

이처럼 『經國大典』에 五家統을 편성하고 지방에는 五統마다 里正을 두고, 各面에는 면마다 勸農官을 두고 서울에는 坊마다 管領을 둔다고 하여 중앙정부의 직접적 영향 하에 있다고 볼 수 있는 군현의 하부조직에 대한 전국적 규정을 두고 있다. 물론 이러한 사항이 법제화되었다는 것은 五家統制가 전국의 향촌에서 보편적으로 시행되고 있었음을 말해주는 유력한 증거일 수 있으나 반드시 이때부터 五家統制가 전국에 걸쳐 보편적으로 시행되었다고는 할 수 없다. 왜냐하면, 그 이후 五家統制의 시행이 유명무실한 것으로 전락했을 뿐만 아니라 임진왜란 이후 사회적 동요가 거듭했던 시대에 이르러서는 五家統制의 재시행에 관한 논의가 자주 보이기 때문이다.3) 또한 五家統制의 전제가 된 것은 한

2) 『經國大典』, 戶典, 戶籍條.

성부에 시행되었던 五家坊里制라고 할 수 있는데,[4] 이는 주로 奔忙者와 遷從者를 검거하는 기능을 비롯 치안유지에 목적을 두고 시행한 것이었다.[5] 그러나 숙종 원년(1675年)에 이르러 激甚한 흉작이 襲來하고 전국에 걸친 流民事態가 벌어지자 비변사는 21개 조로 된 '五家統事目'을 제정하였다. 이는 五家統에 관한 한, 가장 체계적인 것으로 볼 수 있다. 이제 이를 중심으로 우리나라 봉건사회의 하부구조로서의 '농업공동체'가 구체적으로 어떠한 유형을 취하고 있었던 것인가를 검출해 보기로 한다.

第1條: 凡民戶随其隣聚 不論家口多寡 財力貧富 每五家爲一統 而擇內一人 爲統首 以掌統內之事

第2條: 五家聚居作隣 使之耕耘相助 出入相守 疾病相救 其或

---

3) 예를 들자면 寧宗卽位(1649年)에 備局은 다음과 같이 강조하고 있다.
孝宗己丑備局啓曰, 以漢城府啓辭目, 今京外人民之移來移去不定, 厥居者蓋由於避役也...... 祖宗朝經國大典豈非今日之可法乎, 臣等取考戶典則以五戶爲一統, 統有里正而有勸農官者, 其意深遠, 實合於今日, 依此擧行則, 心多補益......(『增補文獻備考』, 劵161, 戶口考 1, 古典刊行會刊, 『增補文獻備考』, 中, p.884).

4) 五家坊里制는 고려때부터 왕도 개성에서 시행되었다. 그러나 조선 시대의 五家坊里制는 세종 때 그 표준적 형식을 갖춘 것으로 보인다. 다음 기사를 참고하라.
乞依周唐之制, 五部各坊, 五家爲比, 置長一人, 百家爲里, 置正一人, 城底各面, 三十家爲里, 置勸農一人, 每一里皆立標以辨夫家之衆, 寡貴賤老幼, 凡征役之施舍, 祭祀婚姻喪紀農桑之勸懲, 每當施令, 家之戶諭, 以時奉行, 使奔亡者, 無所匿遷從者, 無所容相保相守, 以成禮俗 (『世宗實錄』 卷 40, 世宗十年閏四月, 己丑條).

5) 대표적 증거로는 다음 기사를 참조하라.
以常民五戶爲一統, 其統內容匿盜賊者, 勿論窮盜幷統戶窩主全家從邊 (『端宗實錄』, 卷13, 端宗三年三月, 甲寅條).

勢有不更者 雖 不得隔蔬居生 亦必鶴犬相聞 呼召相應 無或如前獨戶離居生

第3條: 每五家作統 而如或有餘戶未准五數 不必越合他面 只以餘戶添統

第4條: 每一里 自五統以上至十統者爲小里 自十一統以上至二十統爲中里 自二卄統以 上至三十統爲大里 里中又差里正 里有司二人 以掌一里之事

第5條: 有統有里 以屬於本面 面有都尹副尹一人 大面則所統里多 小面則所 統里少 各隨戶之多寡殘盛 而稱之以某面第一里第二里以至三四五六 亦隨其分里之多寡

第6條: 卽今郡邑中 鄕品固難選擇 而至謂里正者 則又每以庶孼賤類差之 故守令如欲擇定 則人多謀避 今後則里正及面尹 必皆以有地位聞望於 一鄕者 則雖曾經文武蔭職者 亦得差之 如有謀避者 論以徒配之律

第7條: 每統將一統民戶列名 或作爲一牌 或書諸紙 如左所錄 以爲輪次照閱之 牌式曰某邑某面第幾里第幾統統首某某戶某役

第8條: 徒其家戶次第書之 而賤人則降一行 某戶某役之下 各書率男子幾丁 某差某職役某業某技蔭某無役年幼某借入

第9條: 每季朔之限 各統査正此牌 且錄生産物故有無 具呈於里任 里任申報 守令 守令每年終轉職於道臣 統內里內如有來歷不明 行止可疑 不可容隱者 不必拘季朔之限 並登時報知 如有年歲加減 牌內落漏役名 不以實者 依戶籍事目論罪

제10條: 統內之人 男丁十六歲以上者 又必有身上戶口 書某道某縣邑某面某 里某役某姓名年歲幾許 書厚紙里正里有司着御 官司印之 每出入發 佩之 無此者不得入官門 就訟庭以爲身符 公私賤則各書官主 其或見 失者具由呈官 納紙張 自官改給之 若元不持此者 論以制書有違之罪

제11條: 自今戶籍戶口中　亦必以某里統第幾家書諸戶單首行以便考覈

第12條: 流民之類 如各業匠人. 山俠則有水鐵匠磨造匠 浦揮則柳器等匠 皆遷 徙不常 行止不適然 旣具男女家口 亦不可不隨衆作統 而必令元居近 統 爲其主統 使得常常照管 檢筋統牌 亦令於元統牌端 列書自某方 移來居住幾年 男女幾口

第13條: 凡姓名不載統牌者 卽不在民数之人 訟不得理 死無殺罪

第14條: 凡統里之民 相保相司 婚喪相助 患難相恤 善相勸勉 惡相告戒 息訟罷爭 講信修睦 務爲善良之民 如有不孝不梯 叛主殺人傷風敗俗盜 賊等事 必告于里面 聞于本縣 以爲輕重懲治之地

第15條: 統內如有奸僞倫竊之類 來歷不明之人 亦令登時發告 若或漏報欺隱 事終發覺 則統任重究 統內連罪 若係本統 已先報知 而里中掩摄不 告者 並論以制書有違之律

第16條: 避役之民 移來移去 不定厥居 爲卽今大害 旣立統法之後 則凡民之 移去他邑者 必須具呈因何事指何方自統報里 自里報官 許其移去 而後始去 新移地方 亦見其舊居官許移文書 然後始爲容接 無此者 卽係奸民依法囚推 仍爲區劃安稀之地 其不當容受 移容受者 以兩界人物容隱之律罪之.

第17條: 勤其废桑 督其賦悅 正其境界 皆當資之於統里 同里之民 務敦和信通稼德 合樹藝約働貸牛 共相扶助 有不如令者 以爲令律治罪

第18條: 凡一面中 如淡川修堪 治道作橋 小則合里之力 大則合面之力 母得過時 否者以違令律治罪

第19條: 凡一面之中 必擇寬喊處所 或亭宇寺刹 可以合衆之地 春秋相會 講 信尊卑分等 爲父兄者訓箭同里子弟 爲子弟者敬順同里父兄 業文者 爲製述 業武者亦試弓馬

取其所製及割紙 上于本縣 察其才藝而褒賞之

第20條: 社之有倉 古之制也 各里各統 如能各其出力 合聚財穀於面之中 本邑亦隨力而助之 俾行常平之制 或春散秋斂糶糴而溢息之 爲荒歲 賙恤之資 亦合事宜

第21條: 面尹統里正 里正統統賞 各任三年而易之 其中面尹之有功能者 薦聞論賞[6)]

그런데 『增補文獻備考』에 나타난 五家統事目의 내용은 제1조~16조까지만 있고 제17조 이후의 농업공동체 형태규정에 매우 중요하다고 생각되는 내용이 빠져있을 뿐만 아니라 몇 가지 다른 표현들이 보이고 있다.[7)] 이는 『增補文獻備考』가 편찬된 20세기 초와 五家統事目이 제정된 17세기의 사회가 서로 달라서 그간의 현황변화를 고려해서 의도적으로 내용을 줄인 것인지 『增補文獻備考』 戶口考가 호구와 직접적 관련이 있는 것만을 간추린 것이어서 나머지가 빠진 것인지는 불분명하지만, 누락된 5개 조의 내용은 20세기 당시로써는 상당히 퇴색하고 있었던 것이거나 오히려 당연한 현상으로 나타나고 있었던 것이 아니었을까 생각한다.[8)] 그러나 비변사의 五家統事目은 五家統制度에 관한 거의 모

---

6) 『肅宗實錄』 卷4, 肅宗元年九月 辛亥條.

7) 『增補文獻備考』, 卷161, 戶口考1 (古典刊行會刊, 前揭書, pp.885~886).

8) 이것은 봉건사회의 변화 다시 말하면 농업공동체가 변화한 것을 반영하는 것으로 추측할 수 있다. 이 변화 과정은 앞으로 반드시 밝혀져야 할 과제임이 틀림없다. 실제로 18세기 후반 이후에 分洞·分理 현상이 상당히 진척되었다는 연구성과들이 많이 나와 있다. 이것은 方位面體制가 해체되고 方位面下의 里가 面으로 승격하거나 또는 세분화된 面이 출현하였으며 그 아래에 자연촌락이 한계 또는 몇 개의 리로 편제되어 간 것으로 보인다(金俊亨, 조선 후기 面·里制의 性格, 1982, 참조). 또한 19세기 말 전

든 내용을 망라하고 있다고 볼 수 있는데, 그 내용은 대체로 다음과 같이 구분할 수 있겠다.

첫째, 五家統編成의 원칙을 규정한 제1조, 제3조 및 제12조.

둘째, 五家統運營에 관련된 제4조, 제5조, 제6조, 제9조 및 제21조

셋째, 五家統과 관련된 각종 牌式 작성을 규정한 제7조, 제8조, 제11조

넷째, 五家統編成의 기본목표인 치안유지와 賦征을 위해 인구이동 방지를 규정한 제15조, 제16조.

다섯째, 이러한 기본목적을 관념화하고 또한 五家統制가 지니고 있는 공동노동 내지 생활공동체적 내용을 규정한 제5조, 제14조, 제17조, 제18조, 제19조 및 제20조.

五家統事目의 내용을 위와 같이 구분하면, 本節에서 분석하고자 하는 우리나라 봉건사회 속에 존재했던 공동체 실체—농업공

라도 臨陂縣의 面·里 구성은 더욱 커다란 변화를 보이고 있다. 즉 13개面, 167里, 2,975戶로 나타나 있는데(里 當 평균 17.8戶) 이를 五家統事目의 규정에 따라 구분하면 다음 표와 같다.

	里數	備考
小里	163	2統 이하로 구성된 里: 53 獨戶로 구성된 里: 7
中里	2	南二面 下竹里(52戶) 上北面 余方里(71戶)
大里	2	上北面 西浦里(120戶) 北三面 羅浦里(125戶)

(資料: 亞細亞文化社, 邑誌 -全羅道②-, 1983, pp.521～522)

이와 같이 19세기말에 里制가 더욱 강화되어 가고 있음이 나타나고 있다. 이러한 변화의 요인에 대한 분석은 앞으로의 중요한 과제가 될 것이다.

동체의 형태—와 관련하여 중요하다고 생각하는 것은 첫째, 다섯째 범주에 속하는 것들이다. 이들 범주에 속하는 내용을 자세히 살펴보기로 하자.

첫째 범주에 속하는 규정들은 五家統編成의 기본원칙을 천명하고 있다. 즉 모든 민호는 가구의 多寡나 빈부 여하를 막론하고 每五家를 一統으로 하고 통 내에서 統首를 差定하여 통내의 모든 일을 관장케 한다는 제1조의 규정이 기본원칙이다. 물론 이때 五家를 초과하거나 부족하더라도 타면에 편입시키지 않도록 함으로써 자연촌락을 따르고 규정하고 있는 것이 제3조의 규정이다.[9] 또한 제12조에서는 통민층에 속하는 水鐵匠, 磨造匠, 柳器匠 등은 정주지를 갖고 있지 못하더라도 원거지의 近統을 主統으로 삼아 호구 파악에 편의를 천명함으로써 五家統의 근본 목적이 호구 파악에 있음을 분명히 하고 있다.

다음은 치안유지 및 인구이동과 관련된 규정을 살펴보자. 제15조의 규정에 따르면 통내의 奸僞竊類의 사람이 있거나 내력이 분

9) 자연촌락에 대한 개념은 조선 전시기를 통해 매우 중요한 원칙이었던 것 같다. 특히 약산 정약용의 저술이나 반계 유형원의 서술을 봐도 잘 나타나 있다.

何謂閭田, 山谿川原之勢而畫之爲界, 界之所函名之曰閭 (丁若鏞, 『與猶堂全書』, 詩文集, 田論三)

本國唯土地褊小然, 期間山川風氣亦各有區別之, 當苟據實察之 (柳馨遠, 『磻溪隨錄補遺』, 卷之一)

이를 보아도 실제로 조선사회 내의 많은 산, 계곡, 냇물 등의 자연적·지리적 여건으로 구분되었음이 보편적이었을 것으로 추정된다. 물론 촌락을 구성하고 있는 내부요인이 혈연중심이었는가, 지연 중심이었는가 하는 문제는 별도로 다루어야 한다. 왜냐하면, 이것은 공동체의 내부를 구성하는 기본적 요인이기 때문이다.

명치 않은 사람이 있으면 發告해야 하며 만일 보고치 않은 것이 발각되면 統任을 重究하고 통내에 연대책임을 묻는다는 것이다. 즉 통을 중심으로 각종범죄가 발생하면 반드시 보고토록 하여 치안유지를 위한 수단으로 五家統을 활용하고 있음이 드러난다. 한편 제16조의 규정은 이와는 성격이 약간 다르지만, 그 내용은 다음과 같다. 즉 각종 역을 피하기 위한 백성들의 이동으로 인한 폐해가 크므로 통법이 확립된 이후에는 다른 읍으로 옮기고자 하는 자는 반드시 그 사유를 갖추어 統→里→官에 보고하여 허락을 얻은 후에 옮길 수 있도록 규정한 것이다. 따라서 이 규정은 외관상으로는 역의 부과를 위한 인구확정의 의미를 가지고 있으나 보다 근본적인 이유는 봉건경제의 생산력 확보—토지규모가 일정한 경우 당연히 노동력 확보가 생산력 수준을 규정하는 주요한 계기가 된다—가 더 우선하는 것이 아닌가 한다. 즉 일정한 수탈을 안정적 항상적으로 유지하려는 최소한의 조치라고 볼 수 있다. 이것은 봉건제의 일반적 생산양식 하에서 보이는 노동력 확보를 위한 거주이전의 제한형태로서 토지에 대한 개별적 긴박규정으로 볼 수 있는 고로 조선 시대 우리나라 사회에 존재했던 공동체의 봉건적 성격을 보여주는 유력한 단서중의 하나이다.

또한 공동체가 간직한 공동노동 내지 생활공동체적 내용에 관한 범주를 살펴보면 먼저 제2조에서 五家統의 기본방향을 규정하고 있다. 즉 五家가 서로 이웃을 이루어 耕耘에 참여하고 상조하고 출입에 相守하며, 질병에 相恤하는 촌락연대를 이루고 있는 것이다. 이에 대한 구체적 내용으로 규정된 것을 살펴보자. 제14조는 統里之民들의 생활규범을 규정하여 항상 善良之民이 되도록 힘써야 한다는 내용으로 향약의 내용과 큰 차이가 없으며 그를 위한 세부 규정으로 제19조에서는 春秋講信의 勸獎, 제21조에서는 사회의 운영을 통한 荒歲賙賑策의 마련 등을 규정하여 統里之民들의 생활규범을 담고 있다. 이러한 규정은 강제적 성격이라기보다는 권장적 성격이 훨씬 강한데 이것은 공동체 내의 자치기관으로서 잔존 부분인 상호부조의 전통을 봉건적 이데올로기로 관념화한 유형이라고 볼 수 있다.

끝으로 또 다른 형태의 잔존 부분인 상호협력 즉 공동노동의 규정내용을 살펴보자. 제17조에서는 농잠의 勸勉, 賦稅의 독려 및 경계를 바로 하는 등의 농정은 統里之民의 책임이며 실제 농사는 和信을 두터이 하고 嫁穡을 통하며, 나무 심기, 김매기를 함께 하고 소를 빌려 주어 공상부조에 힘쓸 것을 강조하여 공동노동의 단위집단을 '里'로 하고 있음을 보여주고 제20조는 소위 생산기반시설의 축조나 수리는 그 규모에 따라 리나 면의 노동력을 사용하여 행할 것을 규정하고 있다. 이것은 소위 Asia적 공동노동의 필연성이 남아있는 모습이라고 볼 수 있다. 즉 개별농업공동체 범위를 초과하는 노동력확보가 필요한 경우, 공동체는 서로 통합할 수밖에 없는데 浚川, 修堰, 治道, 作橋 등 사업 규모에 따라 里나 面의 노동력을 사용토록 한 것은 Asia적 공동체의 殘滓는 물론 Asia적 공동체의 造物이지만 동시에 농업공동체의 발전과정에서 보이는 개별 공동체들의 부분화·특수화 결과로 남게 되는 공동체 자치기관으로서의 상호협력과 상호부조로 해석해야 한다.

다음은 우리나라 봉건시대에 존재했던 공동체의 구조적 형태는 어떠한 것이었을까 하는 것이 문제인데, 이상의 내용을 중심으로 정리해보자.

앞에서도 언급하였듯이 五家統制는 조선 초부터 시행되어 왔으나 실제 운영은 대단히 미진하였던 것으로 보인다. 왜냐면 제도적 측면에서의 정비조차도 중기 이후인 숙종 때 이루어졌고 그 이후에도 동법의 시행이 제대로 이루어지지 못한 듯하기 때문이다.[10] 그 이유는 여러 가지가 있었을 것으로 추측되지만 근본적인 것은 행정조직과 자치조직 간에 괴리가 있었던 것이 아닌가 한다. 즉 군현 내 향촌 사회는 京在所→留鄕所→面里任으로 연결되는 재지토족 중심의 자치계통과 京邸吏→營吏→邑吏로 연결되는 행정실무적인 향리계열이 있었던 것이다.[11] 이러한 복합적 구조를 가진 향촌 사회에 대해 관치 우선의 행정과 촌락의 자치 기능 간의 불협화음으로 인해 五家統制가 제대로 이루어지지 못한 것으로 보인다. 따라서 五家統事目 의 규정도 이러한 면에서는 크게 제약적일 수밖에 없다. 물론 그 제정 취지가 행정기구의 말단조직을 정비한 것이라 해도 실제로 향촌 사회에 존재했던 공동체를 근간으로 이루어진 법적 규정이라고 본다면 적어도 공동체의 외형적 형태는 이 규정에서 크게 벗어나지는 않을 것이다.

봉건사회의 농업공동체를 어느 범위까지 인정해야 하느냐 하는 것은 촌락의 성격이 얼마만큼 일반적 성격[12]을 띠고 있느냐 하는

---

10) 英祖二十五年左議政趙顯命所達, 戶籍國之重事, 戶籍明然後, 民數可知. 肅廟實鑑載戶籍, 五家統節目極爲詳備, 此乃其時名臣碩輔所講此法, 若行其爲利益無窮, 而今則但有五家統之名, 實無依範目擧行之事......(『增補文獻備考』卷161, 戶口考 1, 古典刊行會刊, 前揭書, p.888).

11) 李樹健, 『朝鮮時代地方行政史』, 民音社, 1989, 第5章 참조.

12) 일반적이라는 것은 일반적 발전법칙을 이론적 준거로 해야 한다는 의미이다. 즉 전형적인 봉건사회의 촌락이 보여주는 성격, 특징 등이 비교기준이다.

것과 공동체 규제가 어느 범위까지 영향을 미쳤느냐 하는 것에 결정적인 규정을 받는다.

우리나라 봉건사회에 나타난 공동체의 형태는 그것이 봉건적 성격을 띠고 있었음은 말할 것도 없으나 문제는 농업공동체가 어떠한 모습이었을까 하는 것이다. 이에 대한 이제까지의 연구들은 그것이 비록 촌락에 관한 것들이라 해도[13] 주로 촌락의 형태나 그 형성 및 제도적 측면에 집점을 두고 있어 공동체론 시각에서의 근접은 미진한 상태에 머물러 있다. 또한, 봉건사회에 관한 많은 연구도 공동체론적 시각을 결여하고 있거나 아니면 암묵적 전제로만 하고 있어 구체적인 언급이 보이지 않는다. 이러한 점들을 보완한다는 관점에서 앞에서 분석한 것을 중심으로 우리나라 봉건사회에서 나타난 농업공동체의 형태를 설정해 보자.

앞에서도 언급한 것처럼 우리나라 봉건사회의 전사회적 규모의 구조는 하부적 구성 부분과 상부적 구성 부분으로 이루어져 있는데, 후자는 전자에 대한 지배와 수탈을 목적으로 형성된 국가적 부문으로의 모습을 갖추고 나타나며 전자는 촌락자치기관으로서의 모습을 갖추고 나타나 있다. 즉 전자는 후자의 유지·존속을 위한 물적 기반으로서, 각종의 봉건적인 경제적 부담을 담당하는 주체로서 존재하는 것이다. 바로 이 하위적 구성 부분이 공동체의 형태를 갖추고 나타나는 것은 지극히 당연한 것이다. 이렇게 보면 농업공동체의 형태설정은 하위적 구성 부분이 간직하고 있는 자

13) 대표적인 것으로는 高承濟,『韓國村落社會史硏究』, 一志社, 1977. 및 民炳鏶,『韓國의 村落에 關한 硏究—農業의 生産方式과 그 發展을 中心으로』, 中央大學校出版局, 1970가 있다.

치적 기관의 범위와 일치한다고 볼 수 있다.

우리나라 봉건사회의 통치형태는 군현까지는 중앙에서 관리를 파견하여 지배하는 형식을 취하고 있다. 강력한 중앙집권적 권력을 배경으로 전국적인 통일적 지배체제를 갖추고 있는 것이다. 그러나 이러한 중앙집권적인 통치형태가 나타나고 있다고 봉건제의 일반성을 부정할 수는 없다. 특히 상부구조로서의 통치기구만을 강조하게 되면 봉건제의 전체적 구조가 부각될 수 없고, 오히려 봉건제의 존재를 부정하거나 아니면 동양적 특수형태론으로 빠지기 쉽게 된다. 따라서 중앙집권적인 통치기구 하에 존재했던 봉건사회의 물적 존립기반인 하부구조에 대한 논의가 이루어져야 비로소 봉건사회의 전체상을 구축할 수 있는 것이다.

실제로 우리나라 봉건사회에 존재했던 촌락자치기관으로서의 하부적 구성 부분은 향촌이라고 일컬어지는 자연부락이었다. 또한, 당시 국가의 모든 통치행위는 이러한 자치기관으로서의 하부조직을 지배·수탈하기 위한 수단으로 이해해야 한다. 따라서 문제는 당시 자연부락의 기본적 형태가 무엇이었나를 밝혀야만 하위적 구성 부분을 이루는 농업공동체의 형태를 설정할 수 있는 것이다.

대체로 우리나라 봉건사회 촌락의 기본단위는 '里'였을 것으로 추측할 수 있는데 그 이유는 다음과 같다.

먼저 마을의 설정은 대체로 지리적·자연적 조건을 감안하고 있다는 사실을 들 수 있다. 즉 "山谿天原之勢而畫之爲界"14)라는

---

14) 丁若鏞, 『與猶堂全書』, 詩文集, 田論三.

원칙이 적용되고 있는 것이다. 이렇게 설정된 마을의 지배·통치를 위해 五家統制를 도입한 것으로 보인다. 특히 『經國大典』에는15) 五統마다 里正을 두게 하였다. 이 里正은 '里' 내의 모든 업무를 관장하는 자이다. 물론 五家統制는 도망자나 遷從者를 검색하는 기능과 치안유지가 그 주된 목적이었음은 이미 밝힌 바 있다. 그러나 이러한 주된 목적은 겉으로 드러난 이유이고 실질적으로 농민에 대한 노지긴박 규정으로서의 구실이 더욱 중요했던 것으로 보인다. 즉 도망자나 변천자를 검색하여 그들을 원래 주거했던 곳으로 보냄으로써 자연경제단계의 주요 생산수단의 하나인 노동력을 일정한 수준으로 유지·확보함으로써 안정적이고 항상적인 봉건적 수탈을 가능케 하여 봉건사회의 유지·존속을 도모하는 데 그 목적이 있었던 것으로 보아야 한다.

이에 『五家統事目』의 내용을 다시 한번 검토할 필요가 있다. 五家統制를 살펴보면 기본단위가 統=五家는 里 도는 面의 지배를 보다 확고히 하기 위한 인위적 제도로 보인다. 즉 五家統事目의 내용을 보면 오가작통에 대한 원칙이 극명하게 나타나고 있지만 보다 중요한 것은 이 五家統을 말단으로 한 里나 面에 대한 통제가 주목적임을 알 수 있다. 예를 들면 第3條에서 '每五家作統 而如或有餘戶未准五數 不必越合他面 只以餘戶添統'이라고 하여 統 보다는 광범위한 농업공동체를 인정하여 統보다는 광범위한 농업공동체를 그 규제대상으로 하고 있는 반증이라고 생각한다.

---

15) 『經國大典』, 戶典, 戶籍條에 "京·外以五戶爲一統有統主, 外則每五統有里正"이라고 규정하고 있다.

이렇듯 統보다는 광범한 범위에 대한 구체적인 것은 제4조에서 '每一里 自五統以上至十統者爲小里, 自十一統以上至二十統爲中里, 自二十統以 上至三十統爲大里'라고 규정하고 있다.[16] 또한 실제로 리와 관계된 내용이 많이 나타나고 있는 것도 농업공동체가 統이 아니고 里였기 대문으로 보인다. 이에 대한 또 다른 내용을 보면 里正의 선택과 관련하여 제6조에서 '今後則里正及面尹 必皆以有地位聞望於 一鄕者'라 하여 마을 구성원으로부터 존경받는 사람을 差定케 하고 이들은 수령에게 그 마을의 생산물 상황, 인구변동 상황 등을 보고해야 할 의무가 있었다. 특히 공동체 규범으로서 생활공동체적 성격을 띤 농업공동체의 성격은 제14조, 제15조, 제19조, 제20조에 잘 나타나고 있다. 이들 내용은 향약의 내용과 대단히 유사한 것인데 이는 실은 향약의 전래이전부터 있었던 전통적인 관습법적 성격의 것으로 이해해야 한다. 왜냐하면, 부락에 淫行者가 있으면 전체의 회의를 통해 쫓아내는 풍속이 존재하고 있었다든가 또는 昏婚喪祭 모든 마을이 함께 치렀다는 사실 등의 기록은[17] 이러한 사실을 뒷받침하는 것이기 때문이다.

16) 이는 조선초기보다는 그 범위가 확대된 것으로 보인다. 앞에서 인용한 『經國大典』, 戶典, 戶籍條에 "外則五統有里正"이라 하여 五統이 里의 기본단위였으나 실질적으로 지리적 여건을 감안하면 반드시 준칙이 지켜졌다고 만은 할 수 없는 것이고 또한 周唐制에 따르면 "百家爲里, 置正一人, 城底各面, 三十家爲里置勸農官一人"으로 되어 있어 六統~二十統이 里가 된다. 따라서 統의 범위 보다는 里의 범위가 농업공동체 범위로 더 알맞은 규모가 아닐까 한다.

17) 『神增東國輿地勝覽』 卷 32, 金海 山用條, 구체적 내용은 (註) 130 참조

또한, 경작 노동과 봉건적인 경제적 부담의 부과단위가 '里'였음을 나타내고 있는 것으로 볼 수 있는 제17조의 규정도 중요한 의미를 지닌다. "勤其废桑 督其賦悅 正其境界 皆當資之於統里同里之民 務敦和信通稼德 合樹藝約働貸牛 共相扶助 有不如令者 以爲令律治罪"라고 규정하고 있다. 농업노동과 부세의 독려 및 경계를 바로 잡는 것 모두가 統里之民의 책임인 것으로 되어 있다. 이것은 村契 및 두레와도 밀접한 관계가 있다. 특히 촌계는 촌락의 자치기구로서 형성된 것으로 보이며 두레는 촌계를 기반으로 한 공동경작 노동조직인 것으로 보인다. 그런데 이러한 촌계의 설정에 대해 柳馨遠은

> 各鄕之內 又各以附近村里設契 卽俗爲洞契 每二里合設一契[18]

라고 설명하고 있는바, 각 촌리에 계를 설정하되 每二里를 합하여 하나의 계를 만드는 것으로 보고 있다. 이를 보면 두레나 洞契의 기본단위는 里였을 것으로 추정할 수 있으며 다만 공동경작 노동과 같은 공동노동의 규모가 里정도의 것이나 아니면 부근의 二里가 공동으로 행하는 정도의 규모였던 것으로 추측할 수 있다.

끝으로 공동부역노동을 살펴보면 '里'가 단위였음이 더욱 분명해진다. 즉 五家統事目의 제18조를 보면 "凡一面中 如淡川修堪治道作橋 小則合里之力 大則合面之力 毋得過時 否者以違令律治罪"라고 되어있어 한 면의 浚川, 修堰, 治道, 作橋 등에 관한

18) 柳馨遠, 『磻溪隨錄』, 卷 9 教選之制上, 鄕約事目.

일 중에 小事는 一里之力으로 大事는 一面之力으로 치룬다는 것이다. 이것은 이른바 Asia적 공동체의 통합계기라고 일컬어지는 개별 공동체 범위를 초과하는 力事의 존재—대표적 예는 치수사업 또는 대규모적 공동사업, 대형 종교적 造營物 건축 등등—를 상기케 하는 것이다. 따라서 이때의 농촌공동체의 범위는 里였음이 분명해진다.

그런데 五家統事目에 관한 기사만으로는 구체적인 공동체의 형태를 찾아보기가 매우 어렵다. 왜냐하면, 공동체는 전근대사회의 보편적 토대로서 그 존재 의의가 있는 것이므로 그 내부편제를 이루는 혈연관계, 공동체의 생산력 수준을 규정하는 토지 소유관계 등이 보다 구체적으로 드러나야 하는 데 불행하게도 五家統事目만을 가지고는 이러한 요인을 분석할 수가 없다.

따라서 다른 자료의 분석을 통해 상기 요인에 대한 접근을 해야 한다. 먼저 촌락 내의 혈연관계가 어떠했는가 하는 것을 살펴야 하는데, 이를 위해 이제까지 우리나라의 가족 형태나 구성에 대한 연구 내용 중 공동체와 관련된 것으로 보이는 것을 살펴보자.

현재까지 접할 수 있는 가족 구성이나 형태와 관계된 연구로는 주로 호적을 대상으로 행하여진 것들이 대부분이다. 물론 호적 작성의 기본 목적이 가족 구성을 밝히는 것이라기보다는 賦征을 위한 課稅臺帳으로 작성된 것이라는 한계가 있기는 하지만 기존의 호적 연구를 중심으로[19] 공동체의 내부편제의 기본인 가족에 대

---

19) 대표적인 연구로는 다음과 같은 것을 주목할 만하다.
四方博, 李朝人口に關する一硏究, 『朝鮮社會法制史硏究』, 1937

해 살펴보자. 이때 가장 중요한 호구에 대해서 보면 국가가 파악하고 있는 호는 자연가족을 중심으로 하는 자연호라는 사실이다. 호적에 등재된 호구가 자연호라는 증거는 『經國大典』의 '戶口式'을[20] 보아도 명백하다. 이와 같이 가족은 혈연중심의 소가족 형태를[21] 유지했던 것으로 보아 봉건적 공동체의 기본형태였던 German적 공동체가 가부장적 소가족 중심의 형태를 보인 것과 유사한 모양을 갖추고 있다고 볼 수 있다 .물론 이러한 형태가 봉건적인 것으로 규정되려면 이들 가족집단인 촌락들이[22] 어떠한 공동체 규제를 행하고 있는가 하는 점들이 구체적으로 밝혀져야 한다.[23] 그러나 동시에 아직도 많은 점에서 Asia 공동체의 요소가 잔존하고 있음도 사실이다. 특히 향리들이 행하고 있던 공동체적 상호결속을 강조하는 갖가지 신앙과 祭儀 등을 살펴보면 뚜렷

崔弘基, 『韓國戶籍制度硏究』, 서울大出版部, 1975
李光奎, 『韓國家族의 史的硏究』, 一志社, 1977
李榮薰, 『朝鮮後期土地所有의 基本構造와 農業經濟』, 서울대, 1985, 第3章

20) 『經國大典』, 禮典, 戶口式, [戶口式] 戶某部·某坊第幾里, 住某識·姓名·年甲·本貫·四祖·妻某氏·年甲·本貫·四祖. 率居子女某某年甲·奴·婢·雇工某某年甲.

21) 堂內間 또는 一家라는 말이 의미하는 바로는 실제 소가족 중심이었는지 분명치 않다. 堂內間이란 高祖를 중심으로 이루어진 일가인데 이에는 경제적 실권이 고조에 집중되어 있다는 사실을 내포하고 있다. 이렇게 보면 이는 가부장적 대가족제가 되나 실제로 당내간이 별도로 생활하는 것이 보편적이었던 바 개별적으로 가부장적 소가족 제도라 할 수 있다.

22) 이때 촌락은 단순한 정주형태가 아닌 토지점취자의 隣人集團이라는 의미로서의 촌락이다.

23) 예를 들어 「Lex Salica」라는 법전에 따르면, 외래자를 촌민(=공동체성원)으로 승인하는 경우 隣人들 전원일치의 합의가 필요하다든가 또는 상속권자가 없는 경우에는 촌락내의 隣人들에게 재산이 공동귀속된다 등과 같은 것들이다.

하게 나타난다. 각 읍 향리들이 공동 수호신으로 받드는 府君堂神에 관한 다음 기술을 보자.

> 今之百司 外而卅縣 其吏廳之側 莫不有賽神之祠 皆號府君堂 每歲十月 府 吏胥徒醵財賄醉飽祠下 巫祝歌舞鼓樂 以娛神 然世亦不識所謂府君何神 而所晝神像 朱笠具纓 挿虎鬚 威猛如將帥 或言高麗侍中崔瑩之神24)

이와 같이 경중백사와 밖으로는 卅縣에 이르기까지 吏廳 곁에 신을 享祀하는 祠堂이 있어 매년 10월에 府吏胥徒들이 제사를 올려 神을 즐겁게 해준다는 것이다. 이때 각 읍이 수호신으로서 土姓 인물이나 역사적 인물을 선정하여 奉祀하였는데 그 주재자는 邑司의 호장이었다.25)

이렇게 邑司의 享祀를 首戶長이 주관한다는 것은 바로 그가 그 군현을 대표하는 위치에 있었기 때문으로 것으로 보인다. 물론 조선 후기가 되면 사정은 달라져 종전의 主祭者적인 위치(初獻官)에서 終獻官으로 바뀌었다.

이와 같이 호장이 祭儀를 주관했던 사실은 어떤 의미가 있는 것일까. 호장의 종교의식에 대한 관여는 어디서 연유하는가 하는 것을 살펴보기 위해서는 Asia적 수장제로 전환되는 과정에서 수장이 지녔던 종교적 의미를 음미해야만 한다.

---

24) 朴趾源, 『燕巖集』, 卷1, 安義縣縣司祀郭候記

25) 대표적인 것이 廣州府에 나타나 있다. 즉 敬順王影堂, 在府東北四里, 每節日, 州府首吏率三班以祭 (『新增東國輿地勝覽』, 卷 21, 廣州府 祠廟條) 이밖에도 晉州牧과 平昌郡에 대한 예에 대해서는 李樹健, 前揭書, p.297 참조.

일반적으로 Asia적 공동체가 Asia적 수장제로 전환하는 형태는 Asia적 공동체에서 성립한 사회적 의식형태와 소유 규범에 의해 규정을 받는다. 즉 一方에서 Asia적 공동체 장악자가 간직한 致富衝動은 자연종교적 권위라는 성격을 농후하게 띤 '土地카리스마'의 집적행동으로 나타난다. 또 한편 Asia적 공동체 하에서 공동체규제에 근거하여 부를 축적해야 하는 노동 주체를 생산수단 소유로부터 분리하는 양태는 Asia적 공동체에서 성립한 소유 규범에 따라 규정된다. 공동체적 소유권이 수장소유권으로 전화되고, 공동체적 소유권에 대해 개인적 소유권의 비소유화라는 과정에서 생겨난 것이 'Asia적 노예'이다.[26] 이들은 한쪽에서는 가족주의적 恭順과 자연종교적 呪縛意識을 몸에 띠는 동시에 공동체적 소유권에 대한 약간 허용되었던 점유권이 박탈된 것은 Asia적 노예가 수장에 대한 예속과정을 더욱 가혹한 것으로 한 것이다. 결국 Asia적 수장은 '관념상의 종족본체인 神'의 체현자 즉 전제군주로서 나타나게 되는 것이다.[27] 따라서 이때의 잉여노동 수탈은 공동체의 環拘的 지배라는 형태를 갖추고 "잉여노동은 공납의 형태를 갖추기도 하고 統一體讚仰 즉 전제군주 찬양을 위한 공동노동의 형태로도 행해진다."[28] 이때 수탈된 잉여노동 내지 생

---

26) 이 과정은 두 가지 노동주체의 존재형태를 발생시킨다. 하나는 지배적 공동체 성원의 개인적 점유권 수탈결과 생긴 『良』이며, 또 다른 하나는 피정복공동체의 공동체적 소유권 수탈을 수반한 공동체 성원의 개인적 점유권의 비소유화에 생긴 『賤』이다.

27) E.J.Hobsbawm, 市川泰治郎譯, 『共同體の經濟構造-マルクス『資本制生産に先行する諸形態の硏究序說』, 未來社, 1969, pp. 108~109.

28) 市川泰治郎譯. 前揭書, p.109.

산물이 수장의 자연 종교적 권위를 지탱하는 종교적 의식을 지지하는데, 또는 종교적 造營物을 만들거나 수장의 '토지카리스마'와 직접 관련이 있는 공동체 유지를 위한 제시설의 造營을 가능케 하는데 사용된다. 즉 Asia적 노예의 잉여노동이 'Asia적 수장제'를 재생산하고 있는 것이다. Asia적 수장에게 부가 축적되는 것은 재생산을 더욱 전제적으로 수행할 수 있도록 하는 것이며, 이것이 바로 Asia적 수장제의 변화가 매우 곤란한 것임을 보여주는 것이다.

이상에서와같이 우리나라 봉건시대에 수장들이 간직했던 종교적 의식에서의 위치는 Asia적 수장이 지닌 자연종교적 색채가 거의 변하지 않고 봉건시대 우리나라의 향읍에까지 그대로 전해져 온 것이 아닌가 한다. 물론 국왕이 행하는 종교적 의식과는 다르나 호장들이 지녔던 종교적 지위는 Asia적 수장제가 변화하면서 보여준 봉건적 요소라고 하겠으며 농업공동체의 장으로서 행한 직무수행의 분할이 아닌가 한다. 따라서 우리나라 봉건시대의 사회를 구성하고 있던 농업공동체의 형태 '里'를 중심으로 하는 촌락공동체로 추측할 수 있겠다.

제2절 봉건적 토지 소유권의 실체

봉건적 토지 소유권의 본질에 비추어 그 기본적 특질이 우리나라 봉건사회에서는 어떻게 관철되고 있을까 하는 것을 밝히는 것이 본절의 목적이다. 특히 농업공동체를 구성하는 농민들이 保持

하고 있는 토지경작권이 어떠한 모습으로 나타나고 있는지를 확인하고자 하는 것이다.

조선 시대 후기 양안을 중심으로 살펴보면 <표1>에서처럼 신분별·계층별 토지집중 현상이 뚜렷이 나타나고 있다.

<표1> 조선 후기의 토지 소유 집중 현상

(단위: %)

	懷仁		義城		完山		計	
1結 이상	6.5	33.6	11.4	40.6	14.9	53.2	12.4	47.9
50負~1結	10.0	24.6	17.3	28.6	19.0	23.7	17.0	25.1
50負 이하	83.5	41.8	71.3	30.8	66.1	23.1	70.6	27.0
계	100.0	100.0	100.0	100.0	100.0 100.0	100.0	100.0	100.0

출처: 金容燮, 『朝鮮後期農業史研究(Ⅰ)』, 一潮閣, 1970, pp.149~153에서 재작성

즉 17세기 중엽 이후 충청도 懷仁지방의 경우 경작 1결 이상을 소유한 6.5%의 起主가 전체 면적의 41.8%를 소유하고 있는 것으로 나타나 있으며 18세기 초의 경상도 의성이나 전라도 완산지방의 경우도 거의 비슷한 양상을 보이고 있다.[29] 이처럼 17~18세기 경에 나타난 토지 소유집중 현상은 앞에서 설명한 봉건적 토지 보유권 중 직접적 토지 소유권인 하급제한적 토지 보유권의 집중을 보여주는 것이지 그것이 곧 토지 사유를 근거로 한 토지 집중이라고 볼 수는 없다. 이는 토지에 대한 권리 규정을 살펴봄으로써 더욱 명료하게 나타난다.

조선기에서 봉건적 토지 소유가 어느 정도까지 전개되고 있었

29) 金容燮, 『朝鮮後期農業史研究(Ⅰ)』, 一潮閣, 1970, pp.149~153 참조.

는가 하는 문제는 먼저 법규상의 규정이 어떠했었나를 살펴보아야 한다.

먼저 법적 측면에서 조선기 법전에 규정된 토지 소유주에 관한 내용은

凡田 四標及主名 顯錄量案[30]

이라고 되어있어 모든 전의 主는 반드시 양안에 그 이름을 기록하여 법적권리를 인정받고 있다. 이렇게 양안상에 主名이 오른 것을 근거로 일정한 범위 내에서 권리행사를 인정받은 것으로 보인다. 특히 남의 땅을 자신의 것으로 사칭한다든가, 양안에 자기 이름을 暗錄하는 자 등에 대한 처벌 규정 등을 보면 '主'에 대한 일정한 권리 보장이 있었음을 알 수 있으며 起主라는 사실을 근거로 토지매매나 소유권 분쟁에 증빙을 삼았던 것이다.[31] 그런데 문제는 이러한 성격의 소유권을 어떻게 규정해야 할 것인가 하는 것이 집점인데, 이는 앞에서 설명한 봉건적 토지 소유권 중 하급권에 해당하는 직접경작권자가 지닌 직접적 토지 보유권이라고 할 수 있으며 이것이 이른바 봉건적 토지 사유의 구체적 모습이

30) 『續大典』, 戶典, 量田條.

31) 前註에 대한 細記를 참조하라. 그 내용은 다음과 같다.
○相訟田地已決者, 已決得人懸主, 未決松者, 姑以時執懸主, 而追後查卞, 勿以量 名爲拘
○陳田亦皆懸主, 無主處以無主顯錄, 無地籍僞稱己物, 懸主者, 杖一百遠地定配.
○不干之人乘其本主在遠, 暗錄己名於他人田地者, 杖一百流三千里.

다. 그런데 이러한 규정들을 마치 개별적 소유를 규정하고 있는 것처럼 간주하여 개별적 사유가 보편적으로 나타났다고 하는 토지 사유론의 논거를 이루고 있다. 그러나 촌락공동체와 관련해 보면 이것을 반드시 개별적 사유를 절대적인 것으로 인정하는 논거로만으로는 볼 수 없는 여러 情狀들이 나타나고 있다.[32] 특히 공동체적 성격이 강하게 나타나는 산림이나 未開墾地의 이용과 관련해 보면 그러한 사실은 더욱 뚜렷하게 나타난다. 특히 柴場으로서 산림이나 川澤에 대한 公同地적 성격을 규정하고 있는 것은 고려 때부터이다. 즉 고려 顯宗 4년 3월 敎에 보면

> 禮云 伐一樹不以時非孝也 史云 松栢白木長也 近聞百姓斫伐松栢多不以時自今除公家所用 遠時伐松者一切禁斷[33]

라고 하여 함부로 나무를 베어내지 못하도록 하고 있다. 이는 산림을 보호하기 위한 규정으로 보이는데 산림이 풍치와 토질을 보존하는 기반으로서 공동체의 공동경작지의 지력유지에 매우 중요했던 것으로 인식한 것이 아닌가 한다. 물론 고려 이전에는 산림 보호에 대한 구체적 규정은 보이지 않으나 명산을 신역화하여 역내를 범하지 않았던 관습 등도 위와 비슷한 이유에서일 것으로 추측할 수 있다. 그 후 약 300년이 지난 忠肅王 12년 敎에는 더욱 구체적으로 나타나 있다.

32) 이에 대한 구체적인 증거는 行論中에서 밝혀질 것이다.

33) 『高麗史』, 卷 85, 刑法, 禁令條.

…(前略)… 山林川澤與民共利 近來權勢之家自占爲私 擅禁樵牧爲民害 仰憲司禁約 遠者治罪[34]

여기서 보이는 것처럼 공동체가 공동으로 사용하는 산림, 천택 등의 사점을 금하고 있는데, 이는 공동지 사용에 관련된 공동체규제가 해이해져 가고 있음을 반증하는 것이라고 보인다. 그런데 이러한 사정은 조선 초에도 그대로 나타나고 있다.

山場水梁一國人民共利者也 或爲權勢擅執權利者有焉 非公義也 願自今下 令卅府郡縣 考其境內山場水梁 如有擅者則將其姓名一一告于憲司啓聞科罪 痛禁其弊 守令有阿勢畏威匿不申報者罪[35]

이는 諫官의 상서인데 여기에서도 알 수 있는 것처럼 권세가의 공동지 침탈행위가 상당히 만연되어 있었음이 나타나 있다. 이처럼 권세가들인 봉건상층부가 공동지를 장악하려는 기도가 자주 발생했던 사실을 어떻게 이해할 것인가 하는 것이 문제인데 이는 일단 공동체의 지배계층이 행하는 경제적 확보라고 보는 것이 타당할 듯하다. 물론 왕조의 입장에서는 이런 현상이 중앙지배력의 약화를 초래하는 것이지만, 이는 권력의 동반자인 관료나 종친 등의 귀족화에 대한 물적 토대를 제공할 수밖에 없는 동양적 전제권력의 속성에 기인하는 것으로 이해하여야 할 것이다.[36] 실제로

---

34) 同前.

35) 『太祖實錄』, 卷 11, 太祖六年四月 丁丑條.

36) 실제 고려 때 과전법은 田과 柴場을 함께 준 것으로 보아도 이러한 해석은 가능하다고 본다. 즉 조선 초기의 공동지 침탈행위는 고려 때 전시

공동지 이용에 관한 권리 중 일부는 고려 때의 田柴科 시행으로 법제화 되었던 것이며 차츰 인구의 증가, 생산력 수준의 향상 등 공동체 내부에 변화 계기가 발생함에 따라 이에 대한 규제가 필요해졌고 급기야는 『經國大典』에 다음 규정을 두어 永世遵守의 법규로 하였던 것으로 보인다.

私占柴·草場 並杖八十[37)]

이와 같이 봉건 귀족층의 공동지 점탈에 대한 규제가 영구화된 것이며 하위적 구성 부분을 이루고 있는 농업공동체가 점차 그 구체적 사용권을 지니고 나타나고 있는 증거 중의 하나로 볼 수 있다.

한편 동일한 성격의 것은 아니나 어느 저도 공동지적 성격을 지닌 것 중에서 개간하여 경작지로 할 수 있는 미개간지의 이용이나 陳田의 이용에 대한 내용을 살펴보자.

일반적으로 고려 이전부터 未墾地의 개간은 자유롭게 이루어졌다고 볼 수 있으며 최초로 개간에 대한 규정이 나타난 것은 고려 光宗 때의 일이다. 즉

과의 遺制로 나타난 것이 아닌가 한다. 그러나 인구증가, 생산력수준의 향상 등 공동체 내의 변화가 점진적으로 나타남에 따라 공동지 이용에 대해 일반농민의 요구가 상대적으로 커짐으로써 이에 대한 공동체적 규제가 필요하게 된 현상으로 보인다.

37) 『經國大典』, 刑典, 禁制條.

陳田墾耕人 私田則初年所收支給 二年始與田主分半 公田限三年全給 四年 始依法收租[38)]

라고 하여 사전의 개간은 初年 收穫은 개간자가 전부 취득하고 2년째부터는 전주와 반분한다. 한편 공전의 경우는 3년간의 수확을 개간자가 취득하고 4년째부터 법에 따라 일정한 조를 거둬들였다. 이처럼 공전과 사전의 경우 그 내용을 약간 달리하고 있는데 이것은 개간비용과 노동을 누가 부담하느냐에 따른 차이라고 보는 견해도 있지만,[39)] 토지 보유권의 귀속과 관련이 있는 듯하다.

어쨌든 고려 이후 미간지의 개간을 크게 장려한 것으로 보이는데, 그 이유는 경작지 확대를 통한 물적 토대의 충실이라는 측면과 수조 확대를 도모한 봉건 지배층의 요구가 함께 작용했던 것이 아닌가 한다. 특히 조선에 들어서서는 경향은 더욱 뚜렷이 나타나고 있는데 전기에는『經國大典』에서 후기에는『續大典』등의 규정으로 미루어 알 수 있다.

먼저『經國大典』에는

過三年陳田 許人告耕 無主田移給他人
○有또役者死亡 · 移徙則給遞立者 無役人則給田少者 移徙者五年內還給 執耕者元無田則還給三分之二[40)]

38)『高麗史』, 卷 78, 食貨志.

39) 朝鮮總督府中樞院,『朝鮮田制考』, 1940, p.261.

40)『經國大典』, 戶典, 田宅條.

라고 규정되어 있다. 본문의 통용에 대해서는 여러 가지 논의가 있었지만 대체적으로 개간을 장려하고 있었으나 단지 개간을 빙자하여 강자가 점탈하는 경우를 방지하기 위하여 노력했다.41) 이러한 노력은 후에 『續大典』에 다음과 같은 내용으로 나타난다.

> 凡閒曠處 以起耕者爲主
> ○其或預出立案 不自起耕而憑藉據奪者 及以其立案 私相買賣者 依侵占田宅 律論
> ○過三年陳田 許人告耕 在大典 而非謂永給 待本主還推間 姑許告耕食
> ○逃亡軍兵田地 或賣充番價 逃亡者還來 勿拘限還給 田價追償42)

조선 후기에 들어서도 전기에 보였던 개간의 장려와 예상되는 폐해를 방지하기 위한 노력이 위와 같은 규정으로 나타난 것이고 또한 임진란 이후에 경작지의 상당 부분이 황폐해짐에 따라 그 규정의 강도가 완화된 것으로 보인다. 즉 이 본문의 규정은 토지의 단순한 占耕者도 起主로 인정한 것이다. 그러나 이러한 규제

---

41) 明宗 11년에 『經國大典』 註解를 審議할 때 영의정 沈連源은 다음과 같이 말하고 있다.
"3년 지난 陳田을 告耕한 사람에게 모두 경작을 허용하여 永給하면 강자가 토지를 점탈하는 방도로 이용하게 되어 약자는 立錐의 땅도 없게 되니 이 어찌 겸병의 길을 억누르리오. 그러나 陳荒의 이유가 병이나 사고 때문이라면 타인의 신고에 의해 개간되더라도 전주가 경작할 힘이 있을 때는 돌려주어야 하는 것이 본문의 본의이며 특히 告耕이라고 한 것이 영급의 뜻이 아님을 보여주는 것이다"라고 하고 있다(朝鮮總督府中樞院, 前揭書 , pp.266~267).

42) 『續大典』, 戶典, 田宅條.

의 완화는 주인이 있는 陳田이나 堤堰 내지 柴場 등도 개간하여 점득하는 자들의 발생을 유발하여 그 폐해가 심해짐에 따라 『大典通編』에

> 陳田起耕者 許民告官耕種 三年後令納稅 或田主來爭則以所耕三分給田主 드分二給起墾者 耕食十年方許均分[43]

라고 규정하여 국가가 진전의 개간을 장려하였으나 그것을 무제한 허용한 것은 아니고 관에 신고하여 허가를 받게 하였다. 또 起耕後三年間은 無稅地로 하며 3년 후부터 收稅地로 하고 그 소유를 인정하였다. 혹 토지가 有主의 陳田이어서 田主가 분쟁을 일으키게 되면 起耕地의 三分之二를 起耕者에 주고 10년이 지난 후에는 田主와 起耕者에게 균분토록 하여 상호 간 협조를 하게 하였다.

우리나라 봉건시대의 봉건적 토지 사유라고 볼 수 있는 하급토지 보유권은 경작지 경작권, 공동지 사용권—연료채취권, 방목권 및 각종 수리시설의 이용권— 및 미간지 개간권 등을 그 내용으로 하는 것이라고 볼 수 있으며 일종의 지분을 이룬다고 볼 수 있다. 특히 토지조사사업 때, 일제가 조사한 다음과 같은 사례로 미루어 봉건 한국의 농민 입회권과 같은 지분을 소유했었다고 볼 수 있으며, 그 단위는 里를 중심으로 한 것으로 추측된다.

---

43)

〈사례 Ⅰ〉

釜山府 沙下面 堂利, 下端, 槐亭 등의 세 부락에는 공유의 산이 있어서 古來로 세 부락의 주민에 한하여 누구나 입산하여 柴草, 枯枝, 落葉을 채취할 수 있었으며 도로의 修築, 橋梁의 가설, 公課의 부담 등 공동목적이 있을 때에는 각 부락의 頭民의 허락 하에 벌목할 수 있었다.[44)]

〈사례 Ⅱ〉

마산부 하남면의 중앙에 長福山과 梅谷山이 있는 데 하남면 瓦谷里, 昌山里, 上德里, 淵邊里, 木里, 外洞里, 內洞里, 毛三里, 東海丁里, 西海丁里, 斗大里, 嚴里, 態西里, 新坊里 등 13부락의 주민은 數百年來入山하여 柴草의 채취를 하여 왔으며, 그동안 하등의 紛議가 없었다.[45)]

앞의 사례 Ⅰ에 나타나 있듯이 세 부락에 사는 주민은 누구나 공유산림을 이용할 수 있었다. 특히 공공목적이 발생하면 각 부락의 頭民이 협의를 한다고 되어 있다. 이러한 것들은 里를 중심으로 한 공동체적 조직이 존재하지 않고서는 나타나기 어려운 것으로 보인다. 따라서 하급토지 보유권 중 특히 공동지 이용권은 마을 단위 —구체적으로는 농업공동체—로 갖고 있었다는 사실을 내포하는 것이며, 그 기본원리는 실질적 평등(그 마을에 사는 주민 누구나)의 원리가 지배하고 있음을 보여준다.

---

44) 朝鮮總督府, 『慣習調査報告書』, 1913, pp.93～94 참조(愼鏞廈, 『朝鮮土地調査業研究』, 韓國研究院, 1979, p.278에서 재인용).

45) 위와 동일.

한편, 사례 Ⅱ에 나타난 것을 보아도 13개 부락의 주민들이 長福山을 공동 이용하고 있었으며 수백년동안 그 이용을 둘러싸고 하등의 紛議가 없었다고 한다. 이러한 사실은 里間에 어떠한 평등의 원리가 관철되고 있다는 것을 반증하는 것이라고 볼 수 있겠다.

그러만 또 하나 남은 문제는 봉건적 토지 소유를 구성하는 다른 요인인 상급토지 보유권은 어떠한 모습으로 그 권리를 관철시키고 있는가 하는 것이다. 종래의 봉건적 토지 소유의 상급토지 보유권에 관한 논의는 소위 '토지국유론'이라는 모습으로 진행되어 왔다. 이에 관한 최근까지의 논의도 주로 지대-조세-지설을 중심으로 한 것이었다.[46] 본래 地代=租稅一致에 관한 명제는 『資本論』 第3部 第47章에 나타나 있음은 잘 알려져 있다.

토지국유론을 주장하는 논자들의 경우에 앞에서 인용한 『資本論』의 서술내용을 그대로 우리나라 봉건사회 분석에 적용하려고 한다는 것이 토지 사유론자들의 비판이다. 특히 金光淳은 "『資本論』의 명제는 동양적 전제주의에 관한 것이지 Asia적 봉건 제도에 관한 것은 아니므로 우리나라 봉건사회에 대한 분석에는 적용할 수 없다. 따라서 봉건적 토지국유론의 오해는 이러한 내용을 제대로 이해하지 못한 데에 기인한다."[47]라고 비판하면서 "우리나라에서는 전봉건시기를 통해 토지에 대한 '국유제 원칙'은 없었

---

46) 이에 대한 연구사적 정리로는
權寧旭, 朝鮮における封建的土地所有に關する若干の理論的問題, 『歷史學研究』, 第321號, 1967.2.

47) 權寧旭, 前揭論文에서 재인용.

고 지주적 사적 소유가 지배하고 있었다.......우리나라의 봉건시기에 봉건 제도의 기초가 된 것은 토지 사유제였다."라고[48] 단정하고 있다. 또한 지대=조세 일치설에 대해서는 "주지하는 것처럼 토지 사유제 하에서는 지대와 조세는 분리된다. 지대는 토지 소유자와 토지이용자간에 맺어지는 생산제관계를 표현한다. 서로 성질이 다른 양자를 혼동해서는 안된다. 이 양자를 구별하지 않으면 커다란 혼란에 빠지게 된다."[49]라고 주의를 환기시키고 있다. 이처럼 그는 지대와 조세의 일치론을 적용하는 것을 부정하고 있다. 그러나 이 견해에 대해서는 찬동할 수 없다. 왜냐하면, 전근대 사회에서의 수취관계는 잉여가치의 전부를 착취하는데 그 특징이 있는 것으로 우리나라 봉건사회에서 시행된 조세라는 형태의 수취는 그 성질상 봉건적 지대에 가깝다고 보아야 하기 때문이다.[50] 특히 부담의 정도가 봉건적 지대와 마찬가지로 전잉여가치로 구성된다면 비록 그것이 조세라는 이름 아래 수취된 것이라도 근대적 의미의 조세와는 그 성질을 전혀 달리하고 있는 것이다. 따라서 김광순을 비롯한 지대=조세 일치론을 부정하는 대부분의 사람들은 조세라는 명칭에 너무 집착함으로써 지대와 조세의 분리를 주장하는 것이 아닌가 한다. 물론 논리적으로도 근대사회에서 지대와 조세의 분리는 당연한 것이지만 봉건사회 특히 동양의 봉건사회를 분석하는 경우 이는 반드시 옳은 것은 아니라고 생각한다. 더구나 우리나라 봉건시대의 형태인 집권 관료제의 경제적 기초

---

48) 金鴻植, 前揭書, p.21에서 재인용.

49) 上揭書, p.22에서 재인용.

50) 그 구체적 내용은 行論中에 나타난다.

가 무엇이냐 하는 문제를 대상으로 하는 경우 곧바로 당시의 조세 성격이 무엇이냐 하는 문제와 직결하여 분석이 이루어져야 한다. 그리고 이것은 동시에 당시의 토지 소유의 본질이 어떠했느냐 하는 문제를 밝히는 것이기도 하다.

우리나라는 대체로 十分取一의 세율을 원칙으로 삼고 있었으나 실제로는 四分取一이 현실이었다.[51] 그런데 이 四分取一이라는 收租는 생산비를 제외한 소득의 四分之一이 아니고 粗生産高의 四分之一을 징수하는 것이므로 생산비를 감안할 때 소득의 二分之一이나 되었을지도 모르는 고율인 것이다. 전조의 부담이 이처럼 과중했을 뿐만 아니라 租庸調에 연유하는 각종 부담도 점차 무거워졌다.

원래 전조는 토지 보유와 직결된 부담이지만 庸·調도 이와 결코 무관한 것은 아니다. 즉 庸·調의 부담은 봉건 농민의 속지성에 유래하는 것인데 생산력이 낮은 단계에서는 현물이나 노동의 형태로 부과되어 토지 보유에 대한 부담으로서의 성격이 분명치 않았던 것이 상품교환이 발달함에 따라 현물화폐인 쌀로 징수됨으로써 그 본질이 토지 보유와 관련된 부담임이 뚜렷하게 드러난다.[52] 이러한 토지에 대한 각종 부담의 총합계는 농민의 전잉여생산물을 차지하는 것이므로 봉건지대적 속성을 띤 부담으로써

---

51) 자세한 것은 제3절에서 밝힐 것이다. 특히 朴峻緖, 集權制의 經濟的基礎, 『韓國經濟』 第9輯, 1981, pp.9～12.

52) 이 점은 갑오개혁 때 收米五稅目(田租, 大同米, 三手米, 結作米 및 砲糧米)을 합산하여 結價를 산출하고 이를 기초로 금납지세를 산정한 것으로 보아 田租를 제외한 다른 부담들도 토지 보유에 대한 부담으로 변하고 있었음을 뚜렷이 보이고 있다.

그것의 명칭이 비록 조세라고 해도 봉건지대적 성격은 부정할 수 없다. 그러면 국왕이나 국가가 어떻게 이러한 봉건지대적 성격의 조세를 징수할 수 있었으며, 그것이 가능했던 근거는 어디에 있는가 하는 것이 문제인데, 이는 국왕이나 국가가 전국토지에 대해서 일정한 지배권을 가지고 있는 것으로 파악해야만 한다. 왜냐하면, 앞에서도 언급했듯이 지대는 토지 소유의 경제적 실현이고 동시에 토지 소유자와 토지이용자간의 관계이기 때문에 이렇게 추정할 수 있다. 더구나 이는 봉건지대적 성격의 부담이 무엇을 위한 부담이었는가 하는 점을 살펴봄으로써 더욱 확실해진다. 이에 대해 金玉根 敎授는 조선기 재정지출은 국가경비와 왕실경비가 뚜렷하게 구분되어 있지 않고 통치비로서의 공동경비와 국왕과 그 일족의 사경제를 위한 왕실경비가 혼합되어 있는 가산군주제적 성격이 있음을 지적하면서 조선은 국왕이 최고의 지주인 동시에 주권자로서 군림하는 특권 봉건국가로서 국왕의 사경제와 국가경제는 다 같이 봉건적 토지 국유제를 기초로 한 공전의 지대=조세 수입에 그 기반을 두고 있다고 주장한다.53)

이상에서 알 수 있는 것처럼 비록 조세라는 이름을 사용했다고 하더라도 조선 시대의 조세는 조세 전부를 국가재정에 사용하는 근대적인 것과는 달리 왕실 가계를 위한 강제징수라고 볼 수 있으며 이러한 강제징수는 왕권이 막강하다고만 해서 가능한 것은 아니고 전국토지에 대해 보유하고 있는 일정한 지배권을 발동함으로써 비로소 가능해지는 것이다. 따라서 봉건지대적 조세징수

53) 金玉根, 『朝鮮財政史研究』, 一潮閣, 1984, pp.143~144.

권은 토지의 매매·상속을 포함한 토지의 사용·수익권—사적 권리—을 봉건적 토지 소유의 하급권으로 파악하는 것에 대해 봉건적 토지 소유의 상급권으로 파악할 수 있는 것이며, 이것이 바로 토지국유의 실체인 것이다. 이렇게 설정을 하면 봉건사회의 일반적 특성 중의 하나인 專一的 토지 소유권의 분할 형태가 우리나라 봉건시대에도 그대로 관철되고 있다고 볼 수 있다.

좀 더 구체적으로 말하면 토지 소유 형태는 봉건적 토지국유이며 이것이 바로 특권전제체제의 경제적 기초를 이루는 것이고 수조권이라는 형태로 경제적 실현을 달성하고 있는 것이라고 볼 수 있다. 그러나 이러한 봉건적 토지국유 하에 나타난 대토지 사유화 현상을 어떻게 설명할 것인가 하는 문제가 남는데, 이것이 바로 토지 소유권 분할형태가 관철되고 있음을 설명하는 요인을 제공한다.

일반적으로 토지국유에 조응하는 정치형태는 집권전제군주제이고 집권제하에서 모든 권력을 발동하는 데는 권력 보조 장치가 필요하므로 국가적 규모의 방대한 관료조직이 필연적으로 나타나게 되어 집권제 국가에서는 관료군이 지배층을 형성하게 된다. 그런데 봉건적 신분은 토지지배권의 인격적 표현이고 고정적 성격을 지니는 것이므로 지배층으로서의 관료신분을 보장하기 위해서 賜田의 급여는 불가피한데, 이는 수조권의 자기 분할인 셈이다. 수조대행권이라는 것은 그 자체가 시한부이기는 하나 국가수조권으로부터 이탈이므로 이에 유발되어 사전을 거점으로 하여 관권을 악용하여 불법적으로 국가수조권으로부터 이탈하는 소위 은결화된 대토지 사유가 진전되는 것은 당연한 것이었고 그 결과 토지국유는 分壞되고 왕조가 멸망하는 것이다. 그렇다면 이러한 모순에도 불구하고 역대 왕조가 집권제와 토지 국유제를 재편성·강화한 이유는 무엇인가. 그것은 국유제 하에서의 대토지 사유화는 집권관료제에 기생해서 이루어지는 것이고 불법적 대토지 사유자는 苛斂誅求만을 일삼았지 점탈하여 집적한 토지를 근거로 독자적 세력기반을 구축할 힘이 없었으므로 대토지 소유자로서의 관료 귀족은 기생모체인 왕조의 교체과정에서 몰락해 버리고 그 대토지 사유도 무산되어 버리기 때문에 관료층에 의한 불법적 기생적인 대토지 사유화는 토지국유를 극복하지 못하고 다만 토지국유와 궁극적으로 존립기반을 같이 하면서도 그것을 잠식했을 뿐만 아니라 민전도 크게 침해하여 토지 국유제를 약화 환란 시키는 말하자면 토지 국유제에 내재하는 병리 현상이므로 이에 대한 대응책으로서 토지 국유제의 재편성·강화를 반복하게 된다. 이렇게 볼 때 봉건적 토지 사유의 존재는 봉건적 토지 소유 형태인 중층적 서열의 폐제로서 이해할 수 있다.

이상에서 본 것처럼 우리나라 봉건시대의 토지 소유는 직접 경작자의 하급토지 보유권으로서의 경작권, 사용수익권 및 공동지 사용권이 인정되었고—이것이 봉건적 토지 소유의 형태로 나타나고 있음—이에 상응하는 상급토지 보유권으로서의 토지국유 즉 수조권이 국가에 귀속된 형태로 나타났던 것이다. 이때 관료나 귀족들이 보유했던 것은 수조지대권에 불과했던 것으로 보아야 하며, 이것이 그들 수중에 집적되어 대토지 사유화 현상을 야기시킨 것은 앞에서도 설명한 것처럼 토지 국유제가 지닌 본래적 속성—필연적인 賜田의 존재—에 由來하는 것이며 동시에 동양 봉건사회의 공동체가 지니는 특수성—Asia적 공동체의 유제가 뿌리 깊게 간존하고 있는 것 등—에 기인하는 것이라고 생각한다.

제3절 공동체 구성원의 경제적 부담과 그 성격

역사상 일정한 토지 소유 형태에 대응하여 일정한 수취체계가 존재함은 주지의 사실이다. 즉 봉건사회의 경제적 수취는 공동체 유지를 위한 최소한의 필요 생산물 이외에 모든 잉여생산물을 수취하는 것을 원칙으로 한다. 따라서 여기서는 봉건 한국에서 농민들의 경제적 부담을 살펴, 그것이 봉건사회 농노들의 부담과 어느 정도의 유이성을 가지는가를 분석하고자 한다. 이것은 공동체의 존재를 소극적으로 확인할 수 있는 측면 중의 하나이다.

우리나라의 봉건사회는 집권 전제체제 유지에 필요한 특질적 토대를 봉건적 토지 국유제에 대응한 조용조 체계에서 구하고 있었다. 봉건 농민의 가장 구체적인 경제적 부담은 주지하는 바와 같이 전 잉여생산물 전부를 착취하는 봉건시대의 수취체계이다. 그런데 이러한 경제적 부담은 서구에서는 노동의 형태를 기본적 형으로 점차 현물, 화폐의 형태로 변화해 왔으며 이러한 수취체계는 영주-농노간의 봉건적인 신분·예속 관계를 근간으로 이루어진 것이다. 따라서 이때 봉건 농민의 경제적 부담은 지대를 주축으로 기타 영주권에서 부가하는 부담을 그 주요 내용으로 한다.

그러나 우리나라에서 봉건 농민의 구체적 부담은 조용조이다. 따라서 이러한 조용조 부담이 과연 어떠한 성격의 것이며 봉건 농민의 재생산 구조를 어떻게 규정하고 있었는가 하는 것을 분석하는 것이 필요하다.

근본적으로 우리나라 봉건시대에 봉건 농민들이 구체적으로 부담하던 것은 '租'이다. 조는 유전유조의 원칙에 따라 토지에 부과하는 부담이며[54] 調는 有家則有調의 원칙에 따라 가호를 대상으로 부과하는 貢賦이며 庸은 有身則有庸의 원칙에 따라 인간을 대상으로 그 노동력의 사역을 의미한다. 그런데 이러한 기본원칙은 다음의 규정을 살펴보면 그들 상호 간의 관계가 더욱 뚜렷하게 나타난다.

(Ⅰ) 有田則有租 有身則有役 有戶則有貢物[55]
(Ⅱ) 有田則有租 有家則有調 有身則有庸[56]
(Ⅲ) 公賤納布於公家 私賤納布於私家 所謂庸也[57]
(Ⅳ) 有田則有租 有身則有庸 戶調亦然以此[58]

위의 기사 중 (Ⅰ), (Ⅳ)는 세종 때의 것인데, 이를 살펴보면 租는 동일한 내용을 담고 있으나 庸의 경우는 '役'을 의미하는 것으로 그 대상이 노동력 부담임을 알 수 있다. 한편 (Ⅱ), (Ⅲ)의 것은 17세기 후반 顯宗代와 肅宗代의 것인데 이때는 이미 庸의 부담이 물납화되고 있음을 보여준다. 따라서 庸은 역의 전화물로서로 표리관계를 이루고 있음을 보여준다. 그런데 이러한 부담들이 조선 후기에 토지와 관계있는 부담으로 전화되는 것은 봉건적

54) 조선 전기에 租는 田稅만 있었으나 임진란 이후에 三手米, 大同米, 結作米, 砲糧米 등 調·庸에 유래하는 부담이 전화된 형태로 토지에 부과되고 있다.

55) 『世宗實錄』 卷42, 世宗8年四月 辛卯條.

56) 『增補文獻備考』, 卷149 田賦考9, (肅宗十一年漢城府啓中, 古典刊行會, 前揭書, p.723).

57) 『增補文獻備考』, 卷148 田賦考8, (顯宗十四年 洪汝河曰, 上揭書, p.719).

58) 同書(世宗二十八年, 敎議政府中, 上揭書, p.713).

농민들의 속지성에 근거한 것이라고 일단 이렇게 부담이 변하게 되면 이것은 근대적 성격을 띠게 된다.59)

우리나라의 조용조 체계는 일찍이 삼국시대부터 존재해온 수취체계인데,60) 당시의 수취체계에 대한 구체적 내용은 알 수 없다. 그런데 기본적 부담이라고 할 수 있는 田租에 대해서는 다른 부담보다도 구체적 기록이 나타나 있다. 이에 봉건 농민의 경제적 부담 중 전조에 대한 부담부터 분석하기로 하자.

일반적으로 什一制가 古來로부터의 통법이고61) 고려 태조도 十分取一制를 시행하여 田一負에 租三升에 租三升 즉 일결당

---

59) 金玉根 교수는 이에 대해 다음과 같은 견해를 표명하고 있다. "Asia적 대동사회에 있어 잉여노동의 일반적 형태가 지대인 동시에 조세이기 때문에 조용조 체제하에 국가가 생산물·노동력 또는 화폐형태로 획득하는 각종 貢租와 노동력은 모두 같은 지대범주에 속하는 것이다"라고 하여 조용조 체계하의 모든 부담의 곧바로 지대적 성격을 띠는 것처럼 일반화하고 있다.(金玉根, 『朝鮮王朝財政史硏究(Ⅱ)』, 一潮閣, 1987, p.1) 그러나 실제로는 이들 부담이 토지와 직접 관계된 부담으로 전화된 이후에야 비로소 이러한 주장이 가능한 것으로 생각한다. 왜냐하면, 토지와 직접·관련이 없는 봉건적 농민의 부담은 단지 '농민의 속지성'의 근거한 것이므로 엄밀한 의미에서 '지대'라고 볼 수 없기 때문이다.

60) 『三國史記』에 나타나 있는 다음 記事를 참조하라.
○奈解尼師 今三年五月, 國西大水, 免遭水州縣一年租調 (新羅本記 第二)
○古爾王十五年, 春夏旱, 冬民飢, 發倉賑恤, 又復一年租調(百濟本記 第二)
이들은 모두 3세기경의 記錄인데 위의 內容으로 보아 租庸調의 收取體系가 보이고 統一新羅末에는 役의 負擔도 있었던 것으로 보인다. 이에 대해서는 『增補文獻備考』의 다음 記事로 미루어 알 수 있다. 즉 高麗太祖元年詔曰, 朕深慙募德"......(中略)......免其民三年租役 (『增補文獻備考』 卷148, 田賦考8,古典刊行會刊, 前揭書 p.706)

61) 『孟子』 卷 五, 滕文公(上) 다음 구절 참조.
"夏后氏, 五十而貢, 殷人七十而助, 周人百田久徹, 其實皆什一也"

30두(=2石)를 받도록 했다.62) 그런데 이 수조율은 시대에 따라 약간씩 다르게 나타나고 있는데 이것이 실질적으로 봉건적 농민의 부담을 변화시켰는지 여부가 문제이다. 왜냐하면, 만약 부담이 실질적으로 변화했다면 그 이유가 무엇인가 하는 것이 밝혀져야 하며, 또 전혀 부담의 변화가 없었다면 또한 그 이유가 무엇인지 무엇인가 하는 것이 밝혀져야 하며, 이는 우리나라 봉건사회의 역사적 성격을 규정하는데 빠져서는 안 될 중요한 설명변수가 되기 때문이다.

따라서 먼저 수조율의 변화와 봉건 농민의 부담을 살펴보자.

고려 초의 수조율은 十分取一이 원칙이었음은 앞에서 밝힌 바 있거니와 개국 불과 1세기가 지나기도 전에 성종 때의 수조법이 四分取一로 변한다.63) 그런데 이 내용은『高麗史』기록 자체에 오기와 탈락이 있을 뿐 아니라 이를 소개하는 사람에 따라 數字의 異同이 있기 때문에64) 그 해석이 구구하다. 이러한 점을 감안

---

62) 辛魄十四年戊辰七月 大司憲 趙浚 等의 上害에 보면
新羅之末田制, 不均而賦脫重, 盜賊群起, 太祖龍典卽位三十有四日 迎見君臣慨然嘆曰, 近世暴斂 一頃之租收六石, 民不聊生, 予甚憫之, 自今宜用什一以田一負出租三升 (『高麗史』卷七八, 食貨志)

63) 成宗十一年判, 公田租四分取一水田上等結組二石十一斗二升五合五勺 中等一結租 二石十一斗二升五合, 等一結組一石十一斗二升五合, 旱田上等結租一石十二斗一 升二合五勺, 中等一結租一石十斗六升二合五勺, 下等一結缺 (『高麗史』 卷七八, 食貨志)

64) 특히 水田上等田과 旱田上等田의 본문에 대한 기록이 『高麗史』의 것과 다르다. 즉 水田上等田에 대해서 『朝鮮田制考』 에는 二石十二斗二升五合으로 『增補文獻備考』에는 三石十一斗五合五勺으로 나타나 있으며, 旱田上等田에 대해서는 各其 一石十二斗一升二合五勺과 一石十二斗二升合二勺으로 나타나 있다. (朝鮮總督府樞密院, 前揭書 p.423 및 『增補文獻備考』

하여 수조량은 四分取一이고 一石을 十五斗로 계산하여 그 收穫高를 산출하여 보면 <표2>와 같다.

<표2> 高麗成宗代의 收租法

		本文			註記		
		一給當 收租		結當收穫(石)	一給當 收租		結當收穫(石)
		記錄上數値	修正値		記錄上數値	修正値	
		石斗升合勺	石斗升合勺		石斗升合勺	石斗升合勺	
水田	上等	2 11 2 5 5	3 11 2 5	15	4 7 5	4 7 5	18
	中等	2 11 2 5	2 11 2 5	11	3 7 5	3 7 5	14
	下等	1 11 2 5	1 11 2 5	7	2 7 5	2 7 5	10
旱田	上等	1 12 1 2 5	1 13 1 2 5	7.5	2 2 7 5	2 3 7 5	9
	中等	1 10 6 2 5	1 5 6 2 5	5.5	1 11 2 5	1 11 2 5	7
	下等	缺	13 1 2 5	3.5	1 3 7 5	1 3 7 5	5

註) 수정치란 밑줄 그은 것이 수정치이며 기록상 수치란의 ○표는 소개하는데 따라 異同이 있는 숫자임.

出處) 朴峻緖, 執權制의 經濟的 基礎,『韓國經濟』第9輯, 1981, p.10

卷148, 田賦考 8, 古典刊行會, 前揭書, p.706).

<표3> 結當收穫高

			收穫高(石)
水田	上等	註	18
		本文	15
	中等	註	14
		本文	11
	下等	註	10
		本文	7
旱田	上等	註	9
		本文	7.5
	中等	註	7
		本文	5.5
	下等	註	5
		本文	3.5

出處) 朴峻緖, 前揭論文, p.10.

그러면 『高麗史』 본문 주기의 두 가지 기록이 있었음은 무엇에서 일까? 이것을 <표3>의 결당 수확고와 연관지어 생각하면 두 가지 숫자는 水田·旱田을 각기 상중하로 삼분하였지만 동일품등의 토지가 반드시 동일한 것일 수만은 없으므로 토지 수확고의 상한과 하한으로 볼 수 있다. 실제로 四分取一이라는 수조는 생산비를 감안한 소득의 四分之一이 아니고 粗生産高의 四分之一을 수취하는 것이므로 생산력 수준이 낮은 단계에서는 그것이 소득의 二分之一이나 되었을지도 모르는 고율의 것이다. 이러한 고율의 四分取一이라는 수조율이 갑자기 고려 성종때 증율 강행된 것도 아니고, 도 이대부터 조선 초까지 국한하여 시행된 것도 아닌, 사실은 그 이전이나 이후에도 四分取一이 현실이었던 것 같다.[65] 고려 태조 때의 十分取一로 거둬들인 二石을 <표3>의 水

65) 朴峻緖, 前揭論文, p.11.

田上等田 收穫高에 대비하면 九分之一이며, 下等田 收穫高의 중간을 취해보면 四分取一이 되어 똑같이 결당 전조 2석을 받아도 상등전에서는 十分取一, 하등전에서는 四分取一이 된다. 旱田의 경우는 수취 대상인 생산물의 양은 같으나 종류가 달랐으므로 미와 황두나 잡곡의 가치를 감안하면[66] 거의 유이한 추론이 가능해진다. 즉 태조의 수조법은 상등전을 기준으로, 성종 때의 수조법은 하등전을 기준으로 한 것이 아닌가 한다. 더구나 상등전이란 것은 조선 세종대에도 경상도, 전라도에만 그것도 천결 중 겨우 1~2결 뿐인 대단히 예외적인 존재였고 전국의 거의 모든 토지가 하등전이었다는 점을 감안하면[67] 태조 때의 十分取一制라는 것은 명색 뿐이고 실제로는 四分取一이 보편적이었던 것으로 보이고, 성종 때는 이러한 현실을 법제적으로 양성화 하고 四分取一의 원칙에 입각하여 상등전과 중등전의 수조액을 상향 정리한 것으로 해석할 수 있겠다.[68]

이러한 사실은 조선 시대에 행해진 수조법의 변화 내용을 살펴보더라도 그대로 四分取一의 원칙이 관철되고 있었음을 쉽게 알 수 있다.

세종 때 給負制度를 개정한 후 同 26년에 새로운 수조법인 년분 등제의 貢法을 제정 실시하는데 신법은 二十分取一의 원칙

---

66) 凡公田租, 每水田一結造米三十斗, 旱田一結雜穀三十斗(『高麗史』 卷 78, 食貨志)

67) 贊成河滿曰......上等之田惟慶尚全羅等道於千結僅有一二結焉, 中田於百結亦有一二結焉, 其餘各道只有中田亦千結僅有一二結......(『增補文獻備考』 卷148, 田賦考8, 古典刊行會, 前揭書, p.713).

68) 朴峻緒, 前揭論文, p.11.

하에 결당 세액을 다음 <표4>와 같이 정하였다.[69]

<표4> 世宗代의 年分等第法

年分	分等	1結當稅率	1結當收穫高
上上年	十分實	20斗	400斗
上中年	九分實	18斗	360斗
上下年	八分實	16斗	320斗
中上年	七分實	14斗	280斗
中中年	六分實	12斗	240斗
中下年	五分實	10斗	200斗
下上年	四分實	8斗	160斗
下中年	三分實	6斗	120斗
下下年	二分實	4斗	80斗
年不實年		免稅	

註) (1) 단 咸境道 및 平安道는 三分之一을 誡하고 濟州島는 半減함
(2) 結當收穫高는 結當稅率×20으로 計算함

두만 징수하는 것으로 이를 연분등제법의 상상년분을 기준으로 보면 一百分取一이라는 파격적인 것이 되는데, 어떻게 이러한 것이 가능했을까? 이는 세종 때는 상상년분이 기준이었으나 현실적으로는 하하년분이 보편적이었으므로 이를 기준으로 하여 현실을 법제적으로 追認한 것이라고 해석해야 한다. 또한 종전까지의 四分取一이 二十分取一로 감소된 것은 田租 이외의 각종 부담이 점점 과중하게 되어 농민의 부담을 조정할 필요에 직면했던 것이 아닌가 생각한다.

다음은 호조에 유래하는 공납의 부담을 살펴보자. '調'는 有家

69) 『世宗實錄』 卷 106, 世宗二十六年九月條.

則有調의 원칙에 따라 가호를 대상으로 부과하는 부담이다. 그런데 이러한 부담은 본래는 강제적 부담이 아니고 生計物資負擔으로서 토지경작과는 직접 관련이 없었던 것이다. 조의 문제는 당연히 그것이 어떻게 부과되었고, 농민경영에 어떠한 부담을 주었는가 하는 것이 밝혀져야 한다.

먼저 조의 부담이 어떻게 부과되었는가 하는 문제를 살펴보자. 우리나라에서는 호조에 유래하는 대표적인 부담으로서 貢賦라는 것이 있다. 그러나 여기서는 조가 봉건지배층의 생산물자 보충을 위한 현물부담이라는 점을 감안하여 공물에 관한 것만 분석하기로 하자. 따라서 공물의 분정에 대한 것을 중심으로 살펴보고 공물 부담이 농가 경영에 어떠한 영향을 주는가 하는 것을 공동체론과 관련하여 총체적으로 분석한다.

공물의 분정에 대해서는 조선조 초기에 그 대원칙만[70] 나타나 있지 구체적인 내용—특히 그 부과기준의 差定率 따위—은 보이지 않는다. 그러나 몇 가지 사료를 살펴보면 그 부과의 대상이 개별호였다기보다는 리·면 또는 읍 단위로 연대책임 하에 부과된 색채가 강한 것으로 보인다. 다음의 예를 보자.

> 豊川之地 越入文化 · 信川 · 松禾之境 已曾分折 屬此三縣 凡其雜貢乃
> 不計除 故豊川之令幷納之 尙餘民生之弊 請令監司相考移定[71]

---

70) 태조 원년에 貢賦詳定都監의 상서에 따르면 '量地之産, 而定其貢'으로 되어있다.

71) 『世宗實錄』, 卷 21, 世宗五年十二月 丁卯條.

이 기사를 따르면, 풍천군의 일부가 문화·신천·송화 삼현에 각기 나뉘어 속해 있는데도 雜貢은 이에 따라 계제되지 않고 이제까지처럼 풍천에 병납하고 있어 백성들의 폐해가 늘어나니 감사로 하여금 相考移定케 하기를 청한다는 것이다. 이는 공액이 원칙적으로 개별호를 대상으로 부과되었으나 공동의 연대책임의 원칙아래 부과되었음을 보여준다. 왜냐하면, 만일 개별호를 단위로 해서 공액이 부과되고 운영되었다면 이속된 경계 내의 호에 부과된 부담은 당연히 이속한 현으로 옮겨져야 하는데 위의 내용에 따르면 아직도 이속 전의 풍천군에 병납하고 있는 것으로 나타나고 있기 때문이다. 물론 공물의 부담액인 공액은 '國家約定貢賦, 毋得有缩'72)이라고 해서 일정·부동의 것이므로 일단 한 번 정해지면 20~30년간 변하지 않는 것이어서 위의 기록이 이러한 부동기간의 것인지도 모르지만, 비록 그것이 부동 기간에 속한다고 해도 완전한 개별부담이 원칙이었다면 이정의 필요는 없는 것이다. 이렇게 보면 조의 부담은 공동체의 연대책임 하에 부과된 공동부담의 성격이었다고 볼 수 있다.

또 공납의 부과 과정을 보면 일단 먼저 각 지방 관부에 부과되고 일단 부과된 것은 일정불변의 것이므로 민호 수의 증감에 따라 실제 부담은 현저한 불균형을 초래할 수밖에 없다. 즉 凶豐飢饉 등의 재해로 인한 流亡 현상이 일어나 민호가 감소되더라도 소정의 공액은 변함이 없는 부담이므로 잔존 민호의 부담은 종전보다 훨씬 무거울 수밖에 없고 이것이 또다시 류민을 촉발하는

---

72) 『中宗實錄』 卷 25, 中宗十一年七月　甲午條(未世淋上疏).

악순환이 계속된다.73) 이것도 또한 공물의 부과 대상이 개별호였으나 실제 수취는 지역을 단위로 했음을 보여주는 하나의 증거라고 볼 수 있다. 그러면 왜 잔존민호가 류망민호의 부담까지 떠맡을까 하는 것이 의문인데 이를 보더라도 연대책임적 성격의 부담으로 파악할 수 있고 그 근거는 봉건 농민의 속지성에 근거한 강제적 추가 부담인 것으로 보아야 한다.

그러면 각 지방 관부에 분정된 공물이 如何하게 민호에게 부과되었을까. 그 분정 방법이 전혀 준거가 없는 무원칙한 것은 아니었을 것으로 보인다. 실제로 실록에 '計民戶田籍, 以定貢賦'74) 라든가 '凡貢賦요役, 因民所耕田結負之數, 而定之'75) 등의 구절이 나타나고 있다. 그러나 실정은 수령의 임의에 맡겨진 것으로 보인다.76) 이와 같이 공물은 주·군·현의 행정계통을 통해 부과되고 그 실질적 부과 업무는 각 향리에게 맡겨진 것이 아닌가 한다. 따라서 국가는 각 부처가 필요로 하는 공물의 확보가 관심의 대상일 뿐이고 그 부담이 실제로 어떻게 부과되는지, 또 어떻게 수취할 것인지 하는 것은 수령에게 위임된 것이고 이것은 다시 각 향리에게 위임됨으로써 지역을 단위 대상으로 하여 부과되는 것

---

73) 道內嶺西各官, 在前民戶元数九千五百九戶, 近因飢饉流亡二千五百六十七戶, 時居止六千九百四十三戶……(中略)……其人物阜盛之時, 所定貢物之数, 至今仍盛, 飢饉 強存之戶, 自家貢物, 尙來能支, 更將流亡人戶貢物斂数科斂, 爲弊莫甚(『世宗貫錄』 卷23, 世宗六年三月 甲辰條).

74) 『世宗實錄』 卷58, 世宗十四年十二月 癸卯條.

75) 『成宗實錄』 卷58, 成宗元年四月 丙子條.

76) 計戶口田籍, 以定貢法, 國家之法美矣, 然守令之定貢賦, 或不計戶口大小, 所耕多寡, 故貢賦不均, 且貢賦之納, 付之監考, 不自親檢, 收納之際, 漁取多端, 民間之弊, 不可勝言(註75와 同).

과 똑같은 효과를 지녀 처음부터 각종 폐해가 발생할 소지를 안고 있었던 것이다.

특히 공물이 토지경작과 직접 관련이 없고 또한 일단 한 번 정해지면 상당 기간 부동의 것이고, 전조처럼 隨損給損法의 통용이 불가능하므로 부담 자체가 무거워지기 쉽게 된다. 더구나 관원의 가렴주구가 더해지면 폐해는 더욱 커지게 되는 문제점을 애초부터 간직한 부담이었다. 따라서 조선 전기 이래로 공물의 납부를 둘러싼 각종 폐해가 대두되면서 貢案改定을 둘러싼 논의가 심각하게 나타나기 시작한다. 특히 防納의[77] 폐해가 극심하게 되어 농민들의 부담은 더욱 무거워졌다. 이러한 방납의 발생요인은 물론 기강이 문란해졌다는 점이 가장 큰 것이겠으나 본질적으로는 현물부담이란 점에 기인하는 것으로 보아야 한다.[78] 이에 방납의 요인을 보면 첫째, 진상·공물을 거부하는 點退이다. 공부의 수취물이 현물인 한, 품질이 요구하는 수준에 미치지 못하거나 변질이 발생할 수 있다. 이러한 경우에 각관의 貴 吏들은 다른 것으로 바꾸어 바쳐야 하는데, 이는 농민의 입장에서는 이중부담이 된다. 둘째, 생산하지 못하는 산물의 부과를 들 수 있다. 貢案에 등재된 각 군현의 공물은 토산물이 원칙이지만 실제로는 不産物도 많았다. 공안은 상당기간동안 부동적 성격을 띠고 있으므로 비록 공안 작성 당시에는 생산이 되었더라도 오랜 세월이 흐름에 따라 생산하지 못하는 것도 있을 수 있고, 또 설령 공안을 改錄한다하더라도 官需品의 수급 관계 상 불산공물은 완전히 제거될 수 없는 것

77) 방납이란 貢賦를 납세자를 대신하여 제삼자가 대납하는 것을 말한다.

78) 金玉根, 『朝鮮財政史硏究(III)』, 一潮閣, 1988, pp.5~6.

이다. 이러한 경우에는 농민들로부터 그 가치를 징수하여 생산지에서 貿納(구매상납)하여야 한다. 셋째는 공물 가운데는 선박과 같이 개별민호는 물론이고 리나 면같은 공동체의 능력을 벗어난 물자들이 있게 되는데, 이러한 경우에도 그 비용을 징수하지 않을 수 없다. 여기에다 請負商人, 各司吏屬 및 일부 관원들의 협잡이나 간계 등이 더해짐으로써 방납이 자행되었다.

세종이래로 방납의 폐단을 극복하기 위하여 대납의 금지,[79] 代納價의 公正, 제도적인 대납의 공인, 청원대납제 등의 대책을 마련하였으나 방납을 제거하지 못하였다.

특히 15세기 이후 기강의 해이와 더불어 방납은 더욱 심해지고 임진왜란을 전후한 시기에 그 폐해가 극히 달하여 꿩 한 마리에 쌀 8斗, 생선 한 마리에 쌀 10斗로[80] 열 배, 백 배의 방납가를 바쳐야만 했다.[81] 그런데 이들 거액의 출비 중 국고로 들어가는 것은 十分의 二~三 정도이며 나머지는 모두 사문으로 들어가는 실정이었다.[82]

이러한 상황 하에서 貢案收米論이 본격적으로 등장하고 광해군 때 과세의 공평, 재정난 타개 등을 목적으로 이른바 대동법의 전국적 시행을 보게 된다. 대동법의 제정은 이제까지 생계물가 부

---

79) 睿宗戊子命, 禁京商代納, 鄉民貢賦之弊(『增補文獻備考』 卷148, 田賦考 8, 古典刊行會, 前揭書, p. 714)

80) —雉之直之於八斗, 一魚之直至於十斗(『明宗實錄』, 卷17, 明宗九年十一月, 甲寅條).

81) 必徵以價物, 或 十倍或百倍(『松江集別集』 卷1, 雜著論邑宰文).

82) 各司捧納之時, 爲奸吏刀蹬操弄, 出費百倍, 入於公家者僅十之二三, 而其餘皆歸屬於私門(『宣祖修正實錄j 卷28, 宣祖二十七年四月 己酉條).

담인 戶調의 부담이 土地와 관련된 부담으로 바뀌게 된 것을 의미한다. 즉 단순한 생산물자 보충의 현물부담에서 地代的 성격의 부담으로 성격이 변화했음을 의미한다. 그런데 문제는 앞에서 살핀대로 개별민호의 부담이 아닌 공동체적 부담이 어떻게 갑자기 토지에 대한 부담으로 바뀌었을까 하는 것이다. 이에 대한 설명은 제2장에서 본 것처럼 동양에서 공동체가 부분화·특수화됨에 따라 즉 하위적 구성 부분을 이루는 개별 공동체 구성원의 자립화·개별화가 진전됨에 따라 개별농민들은 개별적으로 토지에 緊縛되므로써 나타나는 토지에 대한 부담으로의 전환이 가능했던 것으로 보인다. 그러면 이러한 대동법의 시행이 농민들에게 어떠한 영향을 주었을까 하는 점을 간단히 살펴보자.

대동법의 시행으로 공물을 쌀로 징수하게 됨에 따라 공물이 단일화되고 균등화되어 농민의 입장에서는 부담이 완화된 효과가 있었고 더구나 凶豐에 따른 가감의 여지가 있어 더욱 완화될 가능성이 있었다. 그렇지만 대동미는 常貢만을 포함한 것이고 別貢은 진상·공상이라는 이름으로 계속되어 농민의 부담이 가벼워졌다고 속단할 수 없는 점이 있다.

어쨌든 이상에서 알 수 있는 것처럼 공물의 부담은 개별호의 부담이라기보다는 공동체부담이었을 것이다. 이러한 성격의 부담이 공동체를 단위로 부과되고 이것이 다시 개별호의 토지 보유를 매개로 부담되었던 것으로 보이는데, 이것은 토지 소유 형태에도 공동체적 소유가 잔존했던 것으로 보이며,[83] 동양적 봉건사회의

---

83) 洞畓의 존재 같은 것이 구체적 예라고 할 수 있겠다.

단면을 보여주는 또 한 가지의 증거라고 할 수 있겠다.

끝으로 봉건적 농민의 또 다른 부담인 '役'에 대해 살펴보자. 부역은 身庸에 유래하는 무상 노동 부담이다. 부역 의무도 토지 경작과는 직접 관련이 없는 것이지만 봉건 농민은 토지의 부속물이라는 속지성에 근거한 노동 부담이다. 문제는 이러한 노동 부담을 노동지대로 볼 수 있느냐 하는 것인데 토지경작과 직접 관련이 없으므로 지대로 볼 수는 없다. 다만 조선 중기 이후에 그 중 일부가 토지와 관련된 부담으로 변화하고 있는데, 이때가 되어야 비로소 노동지대라고 규정할 수 있는 것이다.

부역은 제도적으로 왕족을 제외한 신분과 직업을 막론한 모든 비지배층의 가호에 부과되는 것이었다. 그러나 復戶를[84] 통해서 출역이 면제되거나 특히 양반 사족들은 자신의 특권을 이용하여 출역을 회피하는 경우가 많았다. 따라서 부역은 양민 계급에 집중 부과되는 결과를 초래함으로써 양민들은 과중한 각종 부담을 회피하기 위해 유민화되거나 또는 천인으로 전락하는 등의 방법을 사용하기도 했던 것이다. 따라서 조선 후기에 들어서면 인구가 감소하는 경향이 나타나고 있는데 이는 실제로는 역을 피하기 위해 양민들이 보인 신분 하락화 경향을 반영한 것으로 볼 수 있다.

---

84) 『經國大典』, 兵典, 復戶條에 대한 註解를 보면 다음과 같다.
內禁衛·別侍衛华率丁十口成田十結以下很戶.(註解) 很除也, 除免其傜役也. 田丁多則 富黃故不復 丁十口或田十結以下則難於供役故復, 若丁過十口則田雖未准役勿很, 率丁, 指率居人口, 非謂保率也, 他倣此.

한편, '役民式'에[85] 대해 보면 鮮初에는 통일적 출정기준이 없었던 것으로 보인다. 주로 計丁法[86]이나 計田法을[87] 각기 사용하거나 또는 절충하는 방법을 사용하다 성종 때에 이르러 계전법이 구체화된 원칙이 『經國大典』에 다음과 같이 수록되어 있다.

> 凡田八結一夫 一歲不過役六日 若路遠六日以上 則准減翼年之役 若歲再役 則須啓乃行 守令不均調發 領役官遲留過限者 依律科罪[88]

이 기록에 의하면 전 8결을 1부로 하여 연간 요역 복무일은 6일을 초과할 수 없다고 규정하고 있다. 이를 미루어 보건대 요역부과의 기본원칙은 공동체를 단위로 한 부담이었을 것으로 보인다.[89]

다만 인두세적 성격이 짙은 身役의 경우는 이와는 다를 것이다. 특히 군역은 양인만 부담하는 것인데 이때도 군역의무자를 한꺼번에 모두 징발하지 않고 정군만 調發하고 나머지는 奉足(保·助役)으로 삼아 정군의 입역을 경제적으로 지원케 하여 공동체의 유지·존속을 도모한 것이다. 그런데 이러한 군역은 조선 후기에 들어서 물납의 형태로 바뀌면서 국가재정수입의 원천을 이루게

---

85) '役民式'이란 徭役의 出丁基举, 役民의 季節과 服務日数등 國家가 百姓을 여役에 徭役·使役할 때 지켜야 할 諸般規定이다.

86) 計丁法은 戶籍에 登載된 丁數(16歲이상~60세 미만)에 따라 戶를 大·中·小·殘·殘殘戶로 區分하여 出丁數를 정하는 것이다.

87) 計田法이란 보유경지의 多寡에 따라 출정수를 정하는 것이다.

88) 『經國大典』, 戶典, 徭賦條.

89) 후술하는 八合作夫制의 경우를 참조.

된다.

조선 전기의 부담은 조선 후기로 들어가면서 토지와 관련된 부담으로 전화되어 봉건지대적 성격을 농후하게 띠기 시작했다. 물론 이러한 부담이 농가 경제에서 차지하는 비중이 얼마나 되는가 하는 것은 조선 전기에는 그 자료가 불충분하여 정확하게 알 수는 없다. 이제 이용 가능한 조선 후기 자료를 가지고 이를 유추해 보자. 물론 조선 전기와 후기는 사회 성격상 상당한 차이가 있으므로 후기 때의 상황을 전기에 그대로 적용 해석하기에는 매우 곤란한 점이 있는 것은 사실이다. 그러나 조선 후기의 나타나는 농민들의 경제적 부담을 통해서 전기의 농민부담에 어느 정도까지는 접근 할 수 있다고 생각한다.

조선 후기인 19세기에 토지와 관련된 부담은 전세, 대동미, 삼수미, 결작미 등이 있었다. 이들의 부담 내역은 <표5>와 같다. 權丙卓 교수 설명에 따르면,[90] 토지 1결의 실제 평균 면적을 감안하면[91] 당시의 토지 생산성이 비록 낮았다고 하더라도 그 당시 과중한 부담은 아니라고 한다. 과연 권 교수의 설명처럼 이러한 부담이 그리 과중한 부담이 아니었을까? 반드시 그렇게 말할 수 있는 근거는 없는 것 같다.

---

90) 權丙卓, 『韓國經濟史』, 博英社, 1984, p.228.

91) 권 교수는 1결당 평균면적을 5,432평으로 보고 있다.

<표5> 田結當負擔(19세기)

종류	부담액(米)	출전	실시 시기[1]
전세	4斗	續大典 戶典[2]	효종
대동법	12斗	萬機要覽	광해군
삼수미	2斗2升	續大典 戶典	선조
결작미	2斗	萬機要覽	영조
합계	20斗2升		

出處) 權丙卓, 『韓國經濟史』, 博英社, 1984, p.228

註) (1) 권 교수는 실시 시기를 년도로 적기하여 전세를 1774년으로 하고 있는데 이는 오기인 듯하다.

(2) 속대전에 따르면 전세는 下之中 이상에만 收稅한다고 되어 있다.

<표6> 稅穀 1石當 부가 징수 일람표

名目	石當附加額	憑藉內容
① 加升米	0.3斗 이상	외부 요인으로 인한 감소 보충
② 斛上米	0.3 〃	곡물자체의 감소 보충
③ 倉役價	0.6 〃	창고 입고비
④ 作紙價	1.8 〃	징세용지대
⑤ 貢人役價	0.1 〃	공인보수
⑥ 二價	0.3 〃	세곡운송하역비
⑦ 般價	0.3 〃	세곡운반비
⑧ 人情米	0.2 〃	징세실무자위로비
⑨ 進上米價	1.0 〃	진상할 쌀값
⑩ 柴炭價	0.5 〃	수령의 연료비
⑪ 色落米	0.16 〃	징세자 보수
⑫ 營主人米價	0.3 〃	감사와 수령간의 연락인 보수
⑬ 間色價	0.3 〃	세곡검사관 보수
⑭ 打石米	0.3 〃	두량질하는 하인 보수
합계	6.46 〃	

出處) 權丙卓, 前揭書, p.230.

즉, 위에서 언급한 부담 이외에 세곡에 부가되는 각종 부담을 (<표6> 참조) 합해보면 1결당 부담이 28두 9승으로 증가한다. 그런데 당시의 연분은 보통 下之下나 下之中이 보편적이었던 바,[92] 下之下를 기반으로 하면 결당 粗收穫 80두에 대해서

36.1%의 높은 부담이 되고, 下之中을 기준으로 해야 24.1%의 부담이 되므로 농민의 부담은 전후기를 통해 거의 四分取一의 원칙이 그대로 통용된 것으로 보인다. 더구나 관원의 협잡이 끼어들게 되면 이 부담은 더욱 높아질 것이라는 것은 不問可知다. 이상을 근거로 농민들의 경제적 부담은 실제로 四分取一을 훨씬 초과하는 무거운 것이었을 것으로 추측할 수 있으며, 이 부담은 필요노동 부문까지도 침해해 버렸을지도 모르는 그러한 것이었다. 따라서 이러한 부담은 서양의 봉건시대 부담보다도 훨씬 가혹한 부담이었는지도 모른다. 그러면 이러한 가혹한 부담의 부과가 어떻게 가능했을까? 이것을 단순하게 왕권이 강했다고 하는 사실만 가지고 설명이 되는 것일까? 분명히 이것만 가지고는 설명이 분명치 못하고 국가가 전국토지에 대해 어떠한 형태로든 일정한 권리를 보유하고 있는 것으로 파악을 해야만 한다. 다시 말하면 이것이 바로 토지국유의 실체이며 동시에 국가가 봉건사회의 상위적 구성부문을 이루고 있음을 보여주는 것이다. 이 점이 우리나라 봉건사회의 전체적 구조를 밝히는데 매우 중요한 설명변수가 된다. 왜냐하면, 이 점이 분명해짐으로써 하위적 구성부문을 이루는 농업공동체와 하위적 구성부문 간의 관계 파악에 커다란 도움이 될 수 있기 때문이다. 끝으로 또 하나 확인해야 할 것은 이러한 봉건적 성격의 과중한 부담이 과연 어떻게 부과되었을까 하는 점이다.

앞에서 살펴본 것처럼 조용조의 부담 중 庸과 調는 공동체를 대상으로 부과된 흔적이 나타나고 있으나 租의 경우는 물론 개별

92) (註71) 참조.

농민의 토지 보유를 근거로 한 개별부담 원칙이지만 실제로 나타난 기록을 살펴보거나, 또는 비록 17세기의 數字이기는 하나 起主 1인안 평균보유 경작면적을 감안하면 토지 1결이라는 과세기준은 현실적이지 못한 듯하다. 왜냐하면, 당시 과세 기술상 1결이 되지 못하는 개별 농민보유지로부터의 개별징세가 쉽지 않았으리라는 점 때문이다. 물론 분정이 전혀 불가능한 것은 아니었겠으나 상당히 煩難했을 것임은 쉽게 추측이 가능하다. 또한 다음의 기록을 살펴보면 개별 부담이라기보다는 공동체 연대책임하의 부담이라고 볼 수 있는 점들이 잔존하고 있다. 즉 『經國大典』에

> 凡田 每歲九月望前 守令審定年分等第 觀察使審啓聞 議政府·六曺同議更啓 收稅
> ○新加耕田·全災傷田·過半災傷田·因病未耕全陳田並聽佃夫狀 告勸農官 勸農官親審八月望前告守令 守令踏勘打量報觀察使覈實置簿後 所報立案還授守令 九月望前具數啓聞 遣朝官 憑考上項簿及立案 覆審啓定租稅93)

라는 기록을 보면 조세의 결정은 권농관→수령→관찰사→의정부·육조의 계통을 거쳐 이루어진다. 이때 문제는 관찰로 새롭게 경작을 하거나, 재해를 입거나, 질병으로 전혀 경작치 못한 것은 佃夫가 직접 권농관(면에 두는 향족)에게 보고하고 권농관은 이를 면 단위로 수령에게 보고하면 수령은 이를 踏勘打量하여 관찰사에게 보고하게 되어 있다. 이 과정에서 실제로 수조량 결정은 향리들의 책임이 큰 듯하고 특히 수령과 합작으로 간계를 부리면

---

93) 『經國大典』, 戶典, 收稅條.

거의 방지하기가 어려웠을 것이다. 위의『經國大典』기사에 이어 다음과 같은 기록이 나타나고 있음은 이러한 사실을 뒷받침해주는 증거라고 할 수 있다. 즉

> 如有佃夫 冒告災傷 及當該吏・勸農官・書員通同妄冒者 許人陳告 一負各台一十 每一負加一等 罪止杖一百 充軍 其妄冒田給 陳告人 花利入官 守令則十負以上能黜 其知情妄冒者 追奪告身 永不敍用[94]

한편 조세 수탈과정을 통해 농업공동체의 존재를 확인할 수 있다. 조선 후기의 조세 수취와 관련된 연구들을 살펴보면[95] 대체로 면·리를 중심으로 수탈체계가 이루어지고 있음을 알 수 있다. 특히 作夫制는 향촌 고유의 자치적 및 공동규약 應稅組織으로써 조선중앙정부가 그 통치력의 실현형태인 結稅수취에 있어 불가피하게 자급 자족적 經濟圈으로서 향촌의 자치적 질서에 의존했던 것으로[96] 行審·俵災·移來移去 , 깃기 작성의 과정을 포함하는데 이중 특히 이래이거는 공동책임 하 조세납입을 반영하는 것으로 자신의 거주 동리로 세액을 옮기는 것이다.[97] 이와 같은 작부제는『續大典』에서 비로소 법제화되었는데 그 규정은 다음과 같다.

---

94) 同前

95) 김선경, 조선 후기의 조세수취와 面·里운영, 1984
李榮薰, 朝鮮後期 八結作夫制에 대한 研究,『韓國史研究』29, 1980.

96) 李榮薰, 上揭論文, p.79.

97) 李榮薰, 上揭論文, pp.90~92 참조.

○每八結爲一夫 或四結或有零數亦不拘 只從佃夫所居附近作夫 免稅田不入作夫中

○佃夫中 擇其饒實幹者 定爲戶首 凡八結應納之役 使戶首收于結內佃夫以納[98]

위 내용은 세액을 부단위(田土八結)로 정하고 부마다 戶首를 差定하여 수납토록 한 것인데, 부의 크기가 일정치 않았음을 보여준다. 즉 전사를 묶어 부를 만드는 것은 결국 전사를 경작하는 佃夫를 조직하는 것이므로 촌락의 크기에 따라 부의 크기도 달라지게 된다. 대체로 한 부의 크기가 八結이고 또 조선 후기 佃夫 1인당 평균경작면적 이 대략 30~40負 정도라면[99] 한 부는 20~25戶의 田夫를 포괄하는 것이 되므로 4~5統 규모의 里를 단위로 한 것이 된다. 이와 같이 조선 후기의 징세는 비록 夫가 징세 과정에서 나타나는 잠정적이고 인위적인 應稅組織이었다 하더라도[100] 대체로 개별호 부담의 원칙하에 리를 중심으로 이루어진 것으로 볼 수 있으며, 이는 공동체를 대상으로 한 부담 부과가 잔존한 것으로 이해된다.

따라서 우리나라 봉건시대에서는 개별적 농민의 경제적 부담을 공동체 단위로 부과하고 수취했다고 볼 수 있으며 이러한 면에서 농업 공동체의 존재는 부정할 수 없는 것이며, 동양적 봉건사회의 특질로서 나타나고 있는 것이라고 하겠다.

---

98) 『續大典』 戶典, 收稅條.

99) 金容燮, 前揭書, p.134이하.

100) 李榮薰, 前揭論文, p.82.

제4절 공동체 규제의 구체적 존재형태 -공동체적 기능의 확인-

실질적으로 전근대사회의 유지·존속은 경제외적 강제를 통해서 이루어진다. 그러나 이러한 경제외적 강제가 모두 일률적인 형태를 갖추고 있는 것은 아니고, 공동체 내의 여러 가지 요인의 변화에 따라 공동체 발전단계에 알맞은 공동체 규제가 나타나게 된다. 특히 토지의 사적 점탈 정도가 발달하여 공동점취가 사적 점취의 보완물로 전화한 봉건적 공동체에 이르게 되면 공동체 규제는 공동체 규제의 중추 기구와 영주의 촌락공동체 지배·영유의 중추 기구가 합일하고, 일체화된다. 즉 농업적 재생산의 유지·존속을 위한 공동체 규제의 중추 기구와 영주 규제의 중추 기구가 합체하게 되는데, 이를 집중적으로 표현한 것이 촌락행정기관을 겸한 영주재판소이다. 이와 같은 재판권의 장악이 곧바로 공동체 규제의 구체적 존재 형태로 나타나게 된다.

그러나 봉건사회의 기본구조가 대토지 소유자 대 소독립 경영자 관계를 골격으로 하여 이루어져 있으므로 이 자립적 주체인 토지 점취자들은 그들의 권리를 상호 승인하면서 사회 규범을 만들어 낸다. 이때 주체들은 자립한 존재이므로 공동체 성원의 수요나 생산능력이라는 경제적 이해와 관계없는 권리 즉 경제적 능력에 뿌리를 둔 사회적 힘 관계의 강약이나 부의 대소와 관계없는 권리가 승인된다. 경제적 이해를 제압하는 보다 근원적 질서로서 사회적 규범이 형식적 평등의 원리 하에서 성립한다. 촌락 공동체의 관습법이 바로 그것이다. 그러나 사적 권리 의식에 공동체 관계에 의한 제약이 가해지고 있음도 사실이다. 「遠慮의 德」이라는 사회적 의식 형태는 권리 의식에도 반영되어 '법과 도덕이 하나의 전통적 정의 감정 속으로 융합' 혹은 '권리에 대한 단체적 질서 우선'이라는 근대적 규범 체계에서는 볼 수 없는 규범의식이 나타나고 이러한 봉건사회의 사회적 규범이 토지에 대한 소유 규범의 존재방식을 결정한다. 한편에서 봉건적 토지 소유 규범은 諸個人에 대해서 개별적 생산노동에 의한 생산물의 개별적 취득을 허용하고 보장한다. 즉 토지 소유가 사적 권리로 승인된다. 宅地·菜園에 대해서는 영속적 점취와 개별적 용익이 인정된다. 경지에 대한 개별적 용익에 대해서 경지강제가 존재하고, 공동지에 대해서도 용익 규제가 존재하지만 그 어느 것도 「공동체의 집회」에 의한 규제였다. 이 공동체 집회는 자립한 농민들의 집회였다. 이와 같이 특유한 사회 규범의 체계로서 봉건적 공동체를 파악할 수 있으며, 이러한 사정이야말로 공동체를 장악하면 諸個人의 노동을 장악할 수 있는 근거인 것이다. 그리고 봉건적 공동체가 체현한 규범 체계는 사적 관계로서의 성격을 나타내므로 공동체의 장악은 사적 권리를 지닌 인간에 대한 재판권의 장악이라는 형태를 취할 수밖에 없고 공동체 규제의 집중적 표현이 영주 재판권으로 현실화되는 이유도 바로 여기에 있다.

이상과 같은 점을 감안하여 본 절에서는 우리나라 봉건시대에 존재했던 공동체 규제가 어떠한 모습을 보이고 있는가를 살펴보고자 한다.

앞에서 언급한 것처럼 봉건사회의 공동체 규제는 재판권의 장악이라는 형태를 취하고 있다. 그런데 우리나라 봉건사회의 구성은 상위적 구성 부분과 하위적 구성 부분으로 나뉘어 있어서 공동체 규제의 내용도 상위적 구성 부분(지배계급)이 하위적 구성 부분(피지배계급)에 대해서 행하는 규제와 각 구성 부분 간의 규제로 그 내용을 분류할 수 있다.

먼저 지배계급이 피지배계급에 대해서 행하는 경제외적 강제의 성격을 알아보자. 대체로 이러한 성격의 규제는 국가성립 이후의 각종 법규로 나타나게 된다. 따라서 법전의 각종 규제 중 공동체 지배를 위한 성격의 것을 살펴보면 다음과 같다.

당시의 생산력 수준을 감안하면 가장 중요한 요인은 토지와 노동력이었을 것이다. 일정한 정도의 생산력이 유지되어야 수취를 통해 지배기구의 존속이 가능하므로 공동체의 생산력 유지에 힘을 쓰게 되고 그 구체적 형태는 호적의 成案으로 나타난다. 이에 따르면

> 每三年改戶籍 藏於本曹 · 漢城府 · 本道 · 本邑101)

으로 되어 3년마다 호적을 개정하고 지배기구의 계통체계에 보관하여 각종 경제적 부담의 徵收臺帳으로 사용하는 것이다. 따라서 이때 인구의 이동·감시는 중요했다. 『經國大典』에

> 徙民逃亡者 妻者屬殘驛奴婢 捕獲則戶首斬 自現則還元從處 妻子放102)

라는 규정이 되어 있어 무단히 이주를 하거나 도망하면 처자를

101) 『經國大典』, 戶典, 戶籍條.

102) 『經國大典』, 形典, 逃亡條.

역노비로 삼고 잡히면 참하고, 스스로 자수하면 원래 거처하던 것으로 보내고 처자를 방면한다는 것이다. 즉 이것은 공동체간의 인구이동을 적극적으로 방지하여 농민을 토지에 긴박시킴으로써 생산력의 일정한 수준 유지를 도모하고, 수취 기반을 확보하려고 한 시도로 해석해야 한다. 이러한 규제는 조선 시대 전 기간을 통하여 매우 중요한 통치원칙으로 작용하였고, 상기 규정의 세기를 보면 이러한 원칙은 더욱 뚜렷이 부각하게 된다. 즉

> 徙民逃亡 許接人全家徙邊 五口以上逃亡 守令罷黜 所管人京則管領·外則勸農·里正·統主及切隣等知而不告者 以制書有遠律論[103)]

으로 나타나 있는바, 五口 이상 도망을 하면 수령을 파직하고, 관령, 권농관, 리정, 통주 등 소관인과 切隣 등[104)] 알고서도 통지하지 않은 자는 처벌한다는 것이다. 이른바 공동책임을 지움으로써 공동체 유지를 강화하는 수단이었던 것이다. 그런데 이러한 인구 이동을 규제하는 규정은 『續大典』에도 나타나 있으나 시행규제 범위가 전국적 규모로부터 濟州와 관련된 것으로 축소되어 나타나고 있다.[105)] 이는 이후에 유민화 현상이 보편적인 것이 되어 더 이상의 인구이동에 관한 규제가 불가능해졌음을 의미하는

---

103) 同前條.

104) 切隣은 겨린과 동의로 본래는 살인사건이 났을 때 범인 이웃에 사람을 가리키는 말이다. 이것이 전하여 모든 범죄자의 이웃을 지칭하는 뜻으로 사용되고 있다.

105) 濟州三邑人逃, 移他境者, 卽還原籍, 許接人杖一百流三千里(『續大典』, 刑典, 逃亡條).

것이고, 이에 공동체의 변화를 엿볼 수 있다고 하겠다.

또 한편 이밖에도 상위적 구성 부분의 지배적 성격을 잘 드러내고 있는 공동체 규제로서 간주할 수 있는 것에는 각종 금제를 들 수 있다. 특히 공동체 경제생활과 관련이 있는 규정들을 보면 다음과 같다.

(Ⅰ) 右者 數罟不入洿池 草木零落然後斧斤入山林 蓋因天地自然之利 以撙 節愛養之 此山場·水梁之所由本也 前朝之時 山場·水梁皆強豪占奪公家不得其利焉 殿下卽位革其弊法 收而爲公家之用 以山場屬繕工 取其材木 以充營繕 以水梁屬司宰 取其魚鹽 以供內外之膳及祭祀賓客之用 其山場·水梁所在可考者 悉書之[106)]

(Ⅱ) 私占·草場者並杖八十[107)]

(Ⅲ) ○四山標內 木根·莎根採取者 土石堀取者 並依生松例論
○冑耕者 以強占官民山場律論
○諸道封山禁松犯斫者 重論[108)]

이상의 내용은 모두 공동지 사용에 관한 규제로 볼 수 있다. 그런데 우리나라 봉건사회에서 나타나고 있는 토지 관계 공동체 규제는 공동지사용에 관한 규제가 보일 뿐이고 서양봉건사회에서 나타나는 경작지 강제와 같은 내용은 뚜렷하게 나타나 있지 않다. 이 이유는 토지 소유권의 실체와 깊은 관련이 있는 듯하다.

즉 동양 사회의 전통적 통치원리에 따르면 정치는 경계를 바로

106) 鄭道傳,『朝鮮經國典上』, 山場·水梁條.

107)『經國大典』, 刑典, 禁制條.

108)『續大典』, 刑典, 禁制條.

하는 것으로부터 시작한다.[109] 이러한 사상은 賦征之法과 관련이 있어 공동체적 부담을 어떻게 균등하게 부과할 수 있느냐 하는 것에 주안점을 두고 생겨난 것으로 보인다. 물론 이때 말하는 경계가 사전 간의 경계인지 사전과 공전 간의 경계인지, 공동체적 경계인지가 불분명하다. 어쨌든 이러한 경계의 중시는 우리나라 봉건정부의 주요 시책의 하나로 양전 사업이 나타나게 된 배경을 이루는 것이 아닌가 한다.

물론 양전 사업은 토지 소유 실태조사의 의미가 훨씬 강한 것이지만 궁극적으로는 이를 바탕으로 한 賦征의 균등 부과를 그 목적으로 하고 있는 것이다.[110] 따라서 양전 사업은 국정의 주요 시책으로 나타나지만, 토지 소유 특히 경작지와 관련된 공동체적 규제는 겉으로 드러나지 않아도 柴·草場이나 산림과 같은 공동지 이용에 관련된 규제와 인구이동에 대한 금제만을 가지고도 공동체의 유지·존속이 가능했던 것으로 보인다. 이는 경작지 소유가 국가가 지닌 토지 소유에 대한 일정한 권리 속에 포섭되어 있으므로 경작지 강제와 같은 공동체 규제가 없어도 보완적 조치인 간접적 형태만으로도 공동체의 유지·존속이 가능했던 것이다. 특히 인구이동과 관련된 규제는 농업이 基軸을 이루고 있는 자연경제 하에서 노동력이 토지와 함께 중요한 생산수단이므로, 그의 확보가 상당히 중요했음을 보여주는 것이다. 이러한 현상이 나타난

---

109) 夫仁政必自經界始, 經界不正, 井地不均, 穀祿不平, 是故暴君汚吏, 必慢其經界. 經界旣正, 分田制祿, 可坐而定也(『孟子』 卷5 滕文公上).

110) 敎曰王政必自經界始, 田政若是紊礼則何異白地徵稅乎(『增補文獻備考』 卷142, 田賦考2, 古典刊行會, 前揭書, p.640).

근본적 이유는 동양 봉건사회의 특질 반영이라고 할 수 있겠다.

또 다른 형태의 경제외적 강제로는 먼저 왕족·귀족 중심의 상위적 구성 부분을 구성하는 계층 간의 수평적 성격의 규제를 들 수 있는데 지배계층 구성원 간의 질서 유지를 주된 내용으로 하여 신분에 따른 위계질서 확립을 생활상의 정도 특히 禁奢侈와 관련된 규정이 많이 나타나있다.[111] 즉 '車服有章, 上下有別'이라는 원칙이 그대로 관철되고 있어서 공동체 구성원 간의 위계가 이른바 '禮'라는 형태로 전화되고 그것이 봉건지배 이념의 전면에 나타난 것이다. 그 근거는 '儉則治安之道; 奢則禍敗之端'이란[112] 생각이다. 이러한 조선 건국 초기의 통치 이념은 그대로 계승되고 있다. 물론 이러한 사상이 나타나게 된 배경은 麗朝 멸망에 대한 반성이 크게 작용한 것이지만 근본적으로는 중앙집권적 봉건정부의 권력강화, 체제정비를 위한 이론적 측면에서의 정신적 자세를 강조하고 있는 것이며 이것은 당시 사회의 질적 변화가 거의 나타나고 있지 않음을 시사하고 있는 것이기도 하다. 또한 이것을 다음과 같은 측면도 생각해 보자. 즉『經國大典』에

> 子孫 · 妻妾 · 奴婢告父母 · 家長 除謀叛 · 逆反外 絞奴妻 · 婢夫告家長者 杖一百 · 流三千里[113]

라는 규정이 있는데, 이는 가부장의 권위를 모반·반역 이외에는

---

111) 鄭道傳,『朝鮮經國典(下)』, 金玉石木攻皮植等工條.

112) 鄭道傳, 前揭書, 同條.

113)『經國大典』, 刑典, 告尊長條.

어떠한 경우라도 인정하는 상징적 의미를 가지고 있다. 바로 이러한 가부장권의 인정을 전제로 공동체에 대한 지배권을 擬制함으로써 강력한 지배권의 행사를 가능케 하는 것이고 '車服有章, 上下有別'이라는 위계질서 확립의 이념적 근거를 이루고 있는 것이다. 이에 대한 구체적 시행은 대개 공동체 구성원 간의 질서 유지 특히 하위적 구성 부분의 사람들이 상위적 구성 부분을 이루는 계층에 속하는 사람들의 의·식·주 생활과 관련된 내용이나 형식에 대한 潛用을 금하는 것으로 나타나고 있다. 車服有章, 上下有別에 대한 규정을 보면 다음과 같다.

> 大小員人用紅 · 灰 · 白色表衣 白笠 紅鞊者 酒器外金銀 · 青畫白磁器者……(중략)……宗親妻女 · 堂上官母妻女婦 · 有蔭新婦外 用有屋轎者 寺刹 外 用眞彩者 用花席者 用朱漆器者 用絲花鳳 · 金銀露布花者 用熖焇者 官舍及堂下官以下婚姻人用紗 · 羅 · 綾 · 段 · 厠毯者 杖八十114)

이에 따르면 草場을 사점하는 자와 똑같은 처벌을 하고 있다. 이 내용은 의복, 생활 용기, 일상생활과 관련한 것으로 禁奢侈에 주안을 두고 있어 검약생활을 유도하는 것 같지만 실제로는 하위적 구성 부분의 사람들이 상위적 구성 부분에서 통용되고 있는 각종 예라는 형태로 나타나는 의식의 잠용을 금지함으로써115) 동일계층의 동질성을 확보하려 한 것이고 동시에 상위계층 간의 차

114) 『經國大典』, 刑典, 禁制條.

115) 『續大典』, 刑典, 禁制條에도 冠婚喪祭와 關聯된 規定들이 나타나 있음을 상기하라.

별성을 분명히 하는 등 봉건사회의 신분질서 유지를 목적으로 하는 경제외적 강제의 형태를 띠고 있다.

한편 공동체 기능이 잘 나타나고 있는 堤堰, 洑 등과 같은 수리관계를 살펴보면 공동체규제와 관련된 형태를 비교적 구체적으로 확인할 수 있다고 생각한다. 왜냐하면, 봉건 한국의 농업생산력 수준을 감안하면 畓作의 경우 자연조건에 크게 좌우되었음을 쉽게 추측할 수 있는데 특히 물(水)의 경우 공급 여부가 대단히 중요했을 것으로 추측할 수 있기 때문이며 또한 만일 토지 소유가 분할되고 강화되더라도 수리가 개별화되지 않는 한, 개별적 이용조직이 없는 한 개별적 토지 소유는 제한을 받을 수밖에 없다. 자연 水利이든 용수로에 의한 것이든 물의 분배든 쉽게 공동성을 잃을 수 없는 것이다. 따라서 수리시설의 이용과 관련한 공동체 규제의 형태도 존재하고 있었을 것으로 보이므로 이에 대한 것을 살펴보자.

우리나라에서 수리시설에 관한 기록은 상당히 오래전부터 나타나고 있으나[116] 그것이 어떻게 만들어졌고, 어떻게 유지·관리되는지에 대한 기록은 없다. 畓農事의 경우 특히 수리시설은 매우 중요했던 것이므로 개인 단독이나 국가, 또는 농업공동체가 공동으로 修築한 것도 있었을 것이다. 그러나 이들의 비중이 어느 정도였는지를 알 수 있는 자료는 없다. 다만『實錄』등의 관문 기록에 나타나는 것은 堤堰과 같이 비교적 규모가 큰 국가 수축의 것으로 보이는 것만 기록되어 있어 국가적 규모에서 수리시설에 관

116)『三國史記』新羅本紀, 第一에 逸聖尼師今 十日年春二月, 下令農者政本, 食唯民本, 諸州郡修完提防, 廣闢田野라고 기록되어있다.

심을 보이고 있다는 정도만 확인할 수 있을 뿐이다. 그러나 실제로 농업공동체가 공동으로 수축했다고 보여지는 보에 관한 언급은 『續大典』에 나타나고 있어 이는 移秧法의 보급 이후에 본격적으로 나타난 것으로 보인다. 이는 다음 규정으로 추측할 수 있다.

凡洑堰 新築許民來訴 守令親審果是衆民蒙利處 論報提堰司後 該邑守令出力助役117)

즉 보나 堰을 신축코자 하면 수령은 백성의 蒙利區域이 과연 얼마나 될 것인가를 친히 살핀 뒤에 堤堰司에 보고하고 허가를 받아 勞力을 동원하여 돕도록 한다는 것이다. 이때를 전후하여 보의 보급이 어떻게 전개되었는가 하는 것이 문제의 본질은 아니지만, 그 이후의 본질은 보의 보급이 堤堰보다 훨씬 많은 숫자를 보이고 있어118) 공동체 단위의 수리시설이용·규제가 훨씬 보편적이었을 것으로 보인다. 실제로 보의 관리는 공동체에서는 蒙利契, 혹은 堤堰契·洑契 등의 水利契를 조직했던 것으로 보이나 그 내용은 알 수 없다.119) 다만 관리는 마을에서 역원을 뽑아 관리시켰

---

117) 『續大典』, 戶典, 田宅條.

118) 1903年 調査에 따르면 충북 회인군의 경우 堤堰 1, 洑 10, 옥천군의 경우는 堤堰 4, 洑 26, (李光麟, 『李朝水利史研究』 韓國研究圖書館, 1961, pp. 43~46)으로 나타나 있고 1913년 조사에 따르면 전국에 堤堰 3,735個所, 伏 9,386個所로 나타나고 있어(朝鮮農會, 『胡鮮農業發達史』 發達編, 1944, p.120에서 再引用) 洑의 보급이 훨씬 보편적이었음을 알 수 있다.

119) 李光麟, 前揭書, p.79.

음은 분명하다. 즉

> 太祖四年 郎將鄭分陳請 鄕品中廉幹者定爲權農官修築提堰[120]

이라고 하였다. 또한 그 관리 내용을 보면

> 英祖三十一年 敎曰 近有時雨於農 雖幸日后 若是均適難以預度 申筋堤堰司 貯一水若千金 柚栍遣備郎摘奸其慢忽[121]

라고 하여 제언의 물을 均適하게 함을 제일로 삼고 있음을 알 수 있으니 이것은 공동체 규제의 한 유형을 보여주는 것 이라 하겠다. 그러나 이것만으로 봉건 한국의 농업공동체에서 보나 제언의 이용상에 나타나는 공동체규제를 정확하게 알 수는 없다. 그러나 1915년에 시행된 충북 제천 의림지의 修築事業은 일제가 조선 내의 灌漑施設 정비의 일환으로 행한 것이긴 하나 여기에 공동체 규제의 잔재를 엿볼 수 있는 내용이 있다. 즉 당시 의림지의 유지·관리를 위해 만든 堤堰契의 규약을 살펴보면[122] 그 목적은 제천군 읍내면 소재의 의림지와 柳等池를 유지·관리하고 그 관개지구에서 용수 분배의 균형을 도모할 것임을 분명히 하고 있다(규약 제2조). 또한 그 구성원은 灌漑關係畓의 지주 및 소작인으로 구성되어 있으며(규약 제3조), 그 비용 부담은 지주는 현금을(一斗落에 三錢씩), 소작인과 자작인은 부역을(二斗落당 1인 이

---

120) 『曾補文獻備考』 卷146 田賦考6, (古典刊行會, 前揭書, p.677).

121) 上揭書, 同所(古典刊行會, 前揭書, p. 684).

122) 大橋淸三郎外編, 『朝鮮産業指針』, 開發社, 1915, pp. 657∼659 참조.

내) 충당토록 하고 있다(규약 제 7조).

한편 각 계원은 별도로 정한 배수 규약에 따라 각기 물을 공급받고 있은바, 그 내용은 배수 시간과 순위를 정하고 있다. 즉 배수는 정해진 시간에 따라 각지구별로 물을 공급받고 배수 구역 내에서의 급수순서는 대부분 상류 경지부터 순차 급수를 하는 것이었다.

물론 이상의 내용은 수리조합 결성 전후에 나타난 것이라는 점에서 조선기의 실태를 파악하는 데는 제약이 있으나, 그 규정 내용은 일방적으로 지주에게만 유리하다고 볼 수 없는 실질적 평등의 원칙이 강하게 남아 있다고 볼 수 있다. 설령 이것이 Gesellschaft적인 형태라고 하더라도 과연 종래부터 내려온 관습을 얼마만큼 청산한 것인지 하는 점은 고려해야 할 것이다. 만약에 이것을 종래부터 내려오는 관습적 유제가 농후하게 남아있는 것으로 본다면 적어도 보나 堤堰의 이용에 관련된 공동체 규제의 내용은 실질적 평등이 지배적이었던 것으로 추측할 수 있다.

한편 하위적 구성 부분을 이루고 있는 농업공동체 구성원 간에 행해진 공동체 규제적 성격을 띠는 것에는 어떠한 것들이 있는가를 살펴보면, '鄉約'과 '두레'가 대표적인 것으로 나타나 있다고 하겠다. 향약에 대해 보면 이제까지의 향약에 대한 이해는 중국 宋代의 『朱氏增損呂氏鄉約』이 전래되어 우리 실정에 맞게 간소화되어 보급된 것이라고 보는 것이 통설이었다. 그러나 金龍德 교수에 의하면 향약은 그 전부터 전래된 내용이며, 그것은 내용적으로 鄕規, 洞契, 州縣鄕約, 村契의 네 가지로 구분해야 한다는 것인데[123] 이중에서 경제적 측면에서 전형적인 봉건적 공동체에 가장 근접한 성격의 공동체 규제는 촌계로 보아야 한다고[124] 한다. 이에 촌계와 두레에 대해서 살펴보자.

인간사회가 존재하는 곳에는 자연 발생적인 생활규칙이 존재하게 되는데 이것이 村契 契規의 시작일 것이다.[125] 이러한 계규는 성문화되지 않고 전통이나 관습의 형태로 전래되어 온 것이다.[126] 즉 정비된 조문은 없더라도 불문율에 어긋나면 동리에서 규제를 가하고 있었고, 이러한 류의 자치는 보편적이었던 것으로 생각한다.[127] 마을에서의 자치는 이러한 제재뿐만 아니라 洞祭를[128] 주관하거나, 공동노동의 운용 및 각종 마을의 분쟁을 조정·처리하는 등 여러 가지 일을 행하고 있었고 이러한 일들을 처리하기 위한 조직 내지 구조를 촌계라 한다. 촌계의 직무 중 가장 공동체 규제의 성격이 강하게 나타나고 있는 것이 공동노동 행사인 '두레'의 조직·운용이다. 두레에 관한 신용하 교수의 설명[129]

---

123) 金龍德, 鄕約新論, 『조선 후기향약연구』, 民音社, 1990, p.14.

124) 본래 '契'라는 말은 개인적·가족적 이해를 우선적으로 계산하여 반대급부를 교환하려고 임의적으로 조직한 결사체(Gesellschaft)이다. 그러나 전통적으로 촌락의 자연 발생적인 자치기구는 개인보다는 촌락을 우선하는 질서의식을 지니는 것이므로 촌계라 하였고 이는 Gemeinschaft的이다.

125) 金龍德, 前揭論文, p.21.

126) 우리가 흔히 사용하고 있는 '그런 법이 어디 있어?'라는 관용구에서의 법은 전통·관습을 의미하는 것이다. 이러한 관용구 사용의 예를 생각하면 쉽게 이해할 수 있다.

127) 都要渚在府東三十里, 沿江有民戶幾至二百餘戶, 屋舍密比, 藩籬相接, 不事農業, 專治舟楫, 入海捕魚, 商販上游諸郡, 以爲財産, 其俗淳朴, 一家有客, 則諸家各持 酒饌爲禮, 凡昏嫁喪祭皆然, 一家妻若女淫行則諸家會談黜之, 連境馬休村二百餘戶 同俗(『新增東國與地勝覽』 卷32, 金海, 山川條).

128) 성황제나 산신제 따위.

129) 愼庸廈, 두레공동체와 농민문화, 『現代資本主義와 共同體理論』, 한길사, 1987, pp.438～443.

을 요약하면 다음과 같다.

첫째, 두레는 자연촌락 단위로 조직되었는데 모든 성인 남자는 (16세~55세) 의무적으로 두레에 가입해야 되고, 그 자의적 탈퇴는 용인되지 않았다. 여기에 공동체적 성격이 보인다.

둘째, 두레 조직은 철저한 공동체적 민주주의가 지배하였다. 임원 환출이나 조직 운영이 철저한 민주주의 원칙하에서 이루어졌다.

셋째, 두레의 작업 대상지는 마을 전체의 농경지였다.130) 즉 마을 공동지는 물론이고 마을 구성원들이 경작하고 있는 사유경작지도 모두 차별 없이 두레의 경영지였다.

넷째, 마을의 과부, 병약자 등 노동력 결핍자의 농경지에 대해서도 공동노동을 제공해줌으로써 철저한 공동부조를 행하여 강한 공동체적 특성을 보이고 있다.

다섯째, 두레의 공동노동에는 공동체적 평등주의가 지배하였다. 즉 두레꾼들은 그들 자신이 주인이며 누구의 지배도 받지 않고 철저하게 공동체적 평등주의와 행동 관계 속에서 자기 노동에 대한 높은 자부심을 가지고 주체적으로 적극적 노동을 행하였다.

이밖에도 공동식사, 공동놀이, 공동휴식, 노동능률의 제고 등등

130) 일제의 공동경지조사에 의하면 1912년 4월 말 현재 마을의 공동경지는 전국에 9백 개소 1621.6 町步에 달하였다. 이로 미루어 조선조에도 마을의 공유지가 존재하고 있음을 알 수 있다. (『朝鮮總督府月報』 第3卷 第3號, 1913年3月號, p.139) 또한 18, 9세기 사족의 촌락 지배기구인 洞約의 공동체적 양태의 기반이었던 洞畓의 존재도 이를 뒷받침한다고 볼 수 있다. (都震英, 18, 9세기 士族의 村落지배와 그 해체과정, 『조선 후기향약연구』, 民音社, 1990, pp.185~236 참조)

의 내용을 설명하고 있다. 물론 신교수의 두레에 관한 설명은 사회학적 접근이어서 시각의 차이가 있는 것은 사실이지만, 그 조직 단위가 마을이라고 설명하고 있어 압의 촌계와는 밀접한 관련이 있는 것으로 볼 수 있다.

상당히 오래전부터 마을에서는 공동부역 노동이 존재했던 것이고 17세기 중엽에 이앙법의 보급과 함께 노동 공동조직으로서 두레가 나타나고 있는 것이지만 두레가 지니고 있는 공동체적 규제는 실은 그 이전부터 내려온 관습과 전통 등에 기인하는 면도 있는 것이다.

이상에서 살펴본 것처럼 우리나라 봉건시대에 나타난 공동체 규제는 단위 공동체 내에서 관습법과 전통에 유래한 상부상조 및 공동노동을 주요 내용으로 하는 것과 상위적 구성 부분의 유지·존속을 위한 각종 금제 및 농업공동체의 유지·존속을 통해 봉건정부의 물적 토대 확보를 위한 금제—경제적 강제— 등이 주축을 이루고 있는 것으로 보이며, 특히 상위적 구성 부분이 행하는 각종 규제는 토지 소유에 대한 일정한 권리와 군사력 장악을 배경으로 하지 않고서는 불가능한 것이다.

끝으로 한국봉건사 외의 공동체 규제에 나타나고 있는 평등의 원리가 어떻게 관철되고 있는가 하는 점을 확인하여야 한다. 일반적으로 공동체는 어떠한 형태로든 평등의 원리가 관철되고 있어야 한다. 실제로 봉건 한국에서는 실질적 평등이 실현되고 있었다고 할 수 있는데 그 구체적 증거로는 경제적 부담과 수리시설 이용에 관한 규제에 잘 나타나고 있다. 즉 개별농민의 부담을 원칙으로 하고 있지만 실제로는 공동체의 연대책임 하에 수취행위가 이루어졌다는 사실과 농업공동체를 중심으로 하는 물의 공동관리 및 이용이 이를 뒷받침하고 있다. 또한 공동지 이용에 대한 冒占을 억제하고 공동체 단위로 그 용익을 인정했다는 사실은 토지국유를 근거로 공동체 규제를 국가가 용인하고 보호해 준 것으로 파악할 수 있는 것이다.

IV

맺음말

봉건 한국에 보이는 농업공동체의 존재 형태는 서양의 German적 형태처럼 뚜렷한 모습이 나타나 있지는 않다.

이상의 분석은 주로 외형적인 면을 중심으로 이루어진 것이다. 공동체가 실질적으로 밝혀지려면 이 농업공동체가 토지 소유 관계에서 어떠한 모습으로 나타나고 있는가 하는 것이 밝혀져야 한다. 다시 말하면 어떠한 평등원리가 관철되고 있는가 하는 점이 인정되어야 한다. 실제로 봉건 한국의 농업공동체 문제를 다룰 때 가장 큰 이론적인 어려움이 바로 공동체 내의 토지 소유 관계를 어떻게 규정할 수 있는가 하는 점이다. 왜냐하면, 공동체가 토지 소유의 주체로 나타나 공동체에 의한 경지강제가 German적 형태에서처럼 뚜렷이 나타나고 있으면 분명해지나 봉건국가에서는 이러한 현상을 확인하기가 매우 어렵기 때문이다. 그렇다면 봉건적 공동체의 기본적인 특질인 경지강제형태가 확인되지 않는다고 해서 농업공동체의 인정을 포기해야 하는가 하는 것이 문제이다. 그러나 문제가 그리 간단하지는 않다. 이점에 대해 살펴보자.

먼저 왜 서양과 같은 경지강제의 형태가 Asia에서는 나타나지 않는가 하는 점을 살펴보자. 제2장에서 언급한 것처럼 Asia적 개별 공동체가 국가적 규모의 통합공동체로 전화해 가면서 공동체 내부는 상위적 구성 부분과 하위적 구성 부분의 중층적 pyramid형을 갖추게 된다. 공동체가 발전하면서 하위적 구성 부분을 이루고 있는 개별 공동체의 토지에 대한 집단적 소유가 상위적 토지 소유권 하에서 가산화, 사물화의 형태로 전화되어 공동체의 안정적 유지가 가능했던 것이므로 특별히 경지강제와 같은 공동체규제의 형태가 나타나지 않더라도 공동체의 유지·존속에는 하등의 문제가 없었던 것으로 보인다. 즉 상위적 구성 부분을 이루고 있는 국왕, 관료들은 단순하게 지대수취자로서만의 구실을 함으로써 경지 소유 관계에 직접적으로 관여할 필요가 없게 되고, 계속적, 안정적 수취가 주된 관심이었으므로 개별 공동체가 유지·존속할 수 있도록 각종의 규제—예를 들면 황무지 개간권, 산림 등의 공동지이용권, 수리시설 등의 공동이용권 등—조치가 필요했을 뿐이다. 따라서 공동체 규제도 경작과 직접 관련된 형태를 취하는 것보다는 간접적인 관련 형태를 취하고 있어 그 구체적 모습의 확인이 어려운 것으로 보인다. 그런데 이러한 조치들이 대체로 개별 공동체를 중심으로 이루어지고 있으므로 그 범위 설정의 난점이나 존재 확인상의 난점 극복이 어느 정도는 가능할 것으로 생각한다.

특히 봉건적 경제 부담과 관련해 보면 개별적으로 농업공동체의 모습은 더욱 뚜렷해진다고 할 수 있겠다. 봉건 한국에서 농민의 경제적 부담은 조용조의 체계로 나타난다. 모든 경제적 부담은 일찍이 중앙 집권적인 전제주의 국가가 형성된 까닭에 전국적으로 통일된 체계를 갖추고 있었으나 실제로는 당시의 생산력 수준이나 지리적 여건을 감안하면 개별적 농민에게 경제적 부담이 원칙적으로 부인되었다고 하더라도 실제로는 공동체를 통해서 징수된 것으로 주측할 수 있다.

이밖에 생활공동체적 입장, 공동노동 등을 함께 고려해보면 봉건 한국의 개별적 공동체의 범위는 '리'였을 것으로 추정된다. 그러나 일반적으로 향촌, 촌락, 부락 등의 명칭이 혼용되어 이제까지 봉건 한국에서 공동체의 모습이 뚜렷이 보이지 않고 있었으나 이를 구체적인 모습으로 분석해 보면 그 범위는 '리'였음이 분명해진다.

또 하나 이러한 사실을 인정할 수 있는 것으로 동리의 공유재산이 존재했다는 사실이다. 그 재산은 토지이며 경지, 산재, 제가 등이었다. 산야에서는 동리민들이 목초 낙엽 등을 채취하는 것이며, 경지라는 것은 공동개간지이거나 후사 없는 부락민의 유산, 군역이나, 기타 잡역을 피하기 위해 도망한 부락민의 유산으로 이루어진 것이다. 물론 그 소유가 어떠한 성질의 것이었는지는 불분명하지만 이 전토의 관리는 리임 등이 관장했다. 그리고 그 처분에는 동리민 전체의 협의를 거치는 것이 통례였다. 그리고 그 동리 내에 거주하는 자는 당연히 그 재산으로부터의 이익을 형수할 수 있었지만, 동리를 떠난 자는 형수의 자격을 상실한다는 것이다.[1] 이와 같이 동리를 단위로 한 공유재산의 존재는 개별농업공동체의 물적 토대가 존재했음을 반증하는 것이라 하겠다.

남은 문제는 공동체 내의 평등원리가 어떻게 관철되고 있는가

1) 大內 武次, 李朝末期の農村, 『朝鮮社會經濟史研究』, 京城帝國大學法文學會, 1933, p.287~288참조.

하는 점을 밝혀야 한다. 공동체가 공동생산 노동을 영위하는 것이라면 상위적 구성 부분에 대한 경제적 부담을 공동으로 하는 것은 당연한 것이다. 그러나 각 개별구성원의 생산을 지지해 주는 생산수단—특히 토지 소유—에 대한 평등원리가 어떻게 관철되고 있는가 하는 점이 밝혀져야 한다. 그러나 봉건 한국에서 보이고 있는 평등원리는 수과 산의 공동관리를 가장 뚜렷한 공동체기능으로 하여 나타나고 있다고 볼 수 있다. 답작을 중심으로 하는 경우 관개용수의 공동관리는 결정적으로 중요하다. 동일한 하천이나 지의 물을 이용하는 공동체 상호 간의 물의 분배, 공동체 내의 경작지별로 행하는 배수 등은 공동체 상호 간이나 공동체내의 농민경영 상호 간에 엄격한 통제가 있었을 것으로 추측된다. 또한, 용수의 공동이용은 수도경작 각 단계 외 노동—특히 모내기 등—시기를 같이하므로 일시에 노동을 집중해야 하는 작업이 나타나게 되고 여기에 독특한 공동노동의 형태가 필요하게 되는 것이다.

특히 두레에 가입하는 성인 남자의 경우 가족노동력의 차별 없이 모든 성인 남자는 모두 의무적으로 두레에 가입해야 했고 만일 어떤 개인이 가인을 거부하거나 어떤 가족이 가족 내의 1인을 제외한 다른 성인남자를 가입시키지 않으려고 할 때는 마을 구성원의 제재를 받았다는 지적은[2] 음미할 만한 것이다.

이러한 점을 감안하면 '리'를 범위로 한 공동체가 지닌 실질적 평등이 관철되고 있다고 보아야 한다. 특히 실질적으로 경제적 부담이 연대책임 하에서 부과되고 수취된 것은 이를 보여주는 뚜렷

---

2) 愼鏞廈, 두레와 農民文化, 『現代資本主義와 共同體理論』, 한길사, 1987, p.438.

한 증거이며 그 대상은 '리'가 원칙이었다고 할 수 있다.

끝으로 봉건 한국은 사회 전체적으로 보아 상위적 구성 부분과 하위적 구성 부분이 뚜렷이 구분되는 구조적 특징을 보이고 있다고 할 수 있는데, 전자는 왕조를 중심으로 하는 통치체계를 갖추고 있으며 후자는 촌락의 자치기구로서의 면모를 갖추고 있는 농업공동체가 그 구성을 이루고 있다. 즉 촌락자치기구로서 잔존하는 부분이 '리'의 범위를 넘지는 않았다고 할 수 있다. 상호협력, 상호부조의 범위나 각종 공동부담, 공동노동의 주체적 담당자로서의 범위가 '리'를 중심으로 이루어졌던 것으로 보인다. 따라서 상위적 구성 부분은 개별 공동체 구성원을 공동체에 긴박시키려는 여러 가지 조치를 통해 봉건적 수탈의 항상성, 안정성을 도모한 것이다. 이와 같은 봉건적인 상위적 구성 부분이 하위적 구성 부분을 지배하는 전형적 봉건 사회상의 성립은 대체로 조선 전기 때에 이루어진 것으로 보이고, 임진란 이후에 보이는 상위적 구성 부분의 통치행위는 봉건제를 재편·강화하는 일종의 봉건 강화책이라고 볼 수 있으며 이러한 행위와 맞물려서 하위적 구성 부분은 변화할 수밖에 없는 것이다.3)

그러나 막강한 권력을 바탕으로 집권관료제가 형성된 상황 하에서는 하위적 권성부분인 단위공동체의 모습은 전형적인 German적 형태와는 다른 모습을 취할 수밖에 없고 그 해체 과정은 더디게 나타날 수밖에 없는 것이다.

---

3) 李海濬, 朝鮮後期洞契·洞約과 村落共同體組織의 性格, 『조선 후기향약연구』, 民音社, 1990, pp.121~143 이해준의 연구는 많은 시사점을 던지고 있다.

2부 실체

한국 자본주의의 역사적 성격

I

問題의 提起

國經濟의 歷史的 性格을 規定하는 作業은 매우 중요하다. 왜냐하면, 역사적 성격을 규정하는 일은 현재의 경제 상황을 정확하게 인식하지 못하면 불가능하거나 왜곡된 인식을 함으로써 앞으로의 발전 방향이나 적절한 경제정책 수단의 선택도 할 수 없게 되기 때문이다. 그럼에도 한국경제의 역사적 성격을 둘러싼 논의가 활발하지 못한 것은 이 무제가 대단히 어렵다는 반증일 게다.[1)] 그렇지만 한국경제의 본질적 문제를 다루는 작업은 반드시 이루어져야 한다.

적절한 정책수단을 선택할 수 있고, 나아가 앞으로 한국경제가 지향해야 하는 방향-경제체계나 경제 시스템 구축-을 제대로 잡을 수 있을 것이다.

1) 한국자본주의의 성격을 논한 것으로는 1980년대 중반 이대근, 박현채의 논쟁과 최단옥의 일련의 연구가 있을 정도이다. 물론 다른 사회과학 분야에서의 논의가 있기는 하지만 아직도 학계 전체의 체계적인 논쟁은 존재하고 있지 않다.

이러한 역사 인식은 19세기 말에 나타난 독일의 역사학파나 패전 후 일본에서 나타난 大塚史學의 역사 인식이 대표적 견해이면, 이들 견해는 후진국의 경우에는 한 번씀은 검토해 볼만한 것이다. 물론 이들의 역사인식은 「先進國=後進國의 未來像」이라는 단선적 사관내지 진보사관이라는 비판을 면할 수 없으며, 또한 당시 독일이나 일본이 처해 있던 세계사적 상황이 지금과는 너무 다르기 때문에 그들의 이론을 그대로 우리 경제에 대해 수용할 수는 없지만 적어도 역사 인식을 위한 정신 내지 철학만은 우리에게도 시사하는 바가 매우 크다고 할 수 있다.

이러한 시점에서 지금까지의 연구결과를 검토해 보자. 해방 이후 한국자본주의의 역사적 성격에 관한 독점자본주의론이나 주변부 자본주의론을 둘러싼 논쟁들로 세계자본주의 체제 속에서 한국자본주의의 성격을 규정해 보려는 시도들이었다. 한편 한국자본주의 발전과정에서 산업 혁명기를 모색하는 논의가 앞의 연구들이 자본주의의 세계사적 측면을 지나치게 강조하는 것에 대한 비판으로 나타났다.[2] 그러나 이들 연구가 지닌 한계는 후술하는 것처럼[3] 현대 한국자본주의를 분석하는 기본시각에서 전자는 세계자본주의 발전과정을 후자는 국민경제의 측면을 강조하고 있으며 「산업화」와 「근대화」를 구분하지 않고 있다는 감이 있다. 물론 후진국의 자본주의 발전과정을 분석하는 데 세계자본주의와 국민경제의 관계가 매우 중요하지만, 특히 우리나라처럼 60년대

2) 전자에 해당하는 연구자는 박현채, 이대근 등이 있으며 후자의 입장은 최단옥 등이 있다.

3) 본고 제2장 참조.

이후에 본격적으로 진행된 경제성장을 분석하는 데 「산업화」와 「근대화」의 구별은 매우 중요한 관점이다.

선행연구들이 지니는 한계 중의 다른 하나는 단선적 발전단계론의 입장인 진보사관이라고 말할 수 있다. 이 관점에서는 「선진국=후진국의 미래상」이라는 物量主義的 圖式을 벗어날 수 없어 공업화=산업화론에 빠질 위험성을 내포하게 된다. 그래서 알게 모르게 신고전파적 이데올로기에 빠지게 되고 "경제"라는 사회현상의 본 모습을 간과하게 되고[4] 현실 설명력이 떨어진 이론에 탐닉해 버리는 경향까지 나타날 수 있다.

이상과 같은 반성 위에서 본고는 현대자본주의를 분석하는 기본시각을 정리하고 정리된 관점 위에서 한국경제기틀, 다시 말하면 한국자본주의의 역사적 성격을 규정하고 세계사적 흐름 속에서 한국자본주의가 가야 할 발전 방향을 제시해 보려고 한다.

---

4) 경제 현상의 본질은 생산과 소비를 기본 축으로 하는 마치 자연계에 나타나는 물질의 신진대사과정처럼 순환하는 사회적 신진대사과정이며, 그 중심에는 점차로 현실과 괴리된 전문 경제학자들의 지적 유희(遊戱)로 전락했다는 비판이 끊임없이 제기되고 있다.

Ⅱ

현대 후진 자본주의 경제분석을 위한 기본 시각

일반적으로 자본주의 사회는 공동체 사회의 최종형태인 봉건사회가 해체해 가는 과정에서 싹트면서 그 모습을 갖추었다. 세계 자본주의의 발달과정에서 인류 역사상 최초로, 그리고 가장 전형적인 발전과정을 보인 것은 영국이었다. 이것은 역사적으로 어떤 의미를 지닐까?

영국에서의 자본주의 발전과정을 살펴보면 종래의 상공업 중심이었던 동남부 지역의 도시가 아닌 당시로써는 후진지대였던 북서부지역에 나타난 신흥농촌지역을 중심으로 독립자영농민이나 독립수공업자인 이른바 중산적 생산자층을 주축세력으로 하여 전개된 것이었다.[1)] 이런 점에서 근대자본주의는 대단히 역사적이고 개성적인 조건하에서 성립했다고 볼 수 있다.

즉 자유로운 농촌공업이 전개되고 중소 독립적인 생산자가 나

---

1) 大塚久雄 史學에 속한 학자들의 일련의 연구를 참조, 講座 西洋經濟史 全5卷이 대표적.

타날 조건, 더 나아가 이들이 금욕적 프로테스탄티즘과 만날 조건은 아무 곳에서나 프로테스탄티즘과 만날 조건은 아무 곳에서나 일반적으로 존재했다고 말할 수 없기 때문에 이는 뛰어난 개성적 조건으로 보아야만 한다.2)

독립자영농민을 기반으로 한 지역의 필요에 응하는 각종 수공업의 전개, 나아가 정신적 독립과 근로를 존중하는 기풍, 경제 활동의 자유로움 등등이 역사적 · 개성적으로 전개되었다는 것이 근대적 자본주의의 원천이며 이러한 사실을 확인하는 것은 오늘날 크게 변화하고 있는 자본주의 경제체제와 인간적 의미를 생각하는 데에 중요한 시사점을 준다. 특히 1960년대 이후 모범적 경제성장을 보였던 한국경제가 90년대 겪은 경제적인 발전과정과 함께 다음의 사항을 고려하지 않으면 안 된다. 즉 세계 자본주의와 국민 경제의 관계 및 산업화(industrialization)와 근대화(modernization)의 구별이다. 위의 3가지 사항을 고려하여 한국자본주의의 역사적 성격을 규정하는 독자적 논리를 찾아보기로 한다.

1. 형식적 합리성과 실질적 비합리성

이것은 자본주의의 기본적 전제인 합리주의의 공죄를 주시한다는 시각이다. 역사가 D. S. 란데스 (Landes)는 산업혁명 이후 서유럽에서 전개된 「기술변화와 산업발전」의 역사를 정리해 그 제

2) M. Weber의 「자본주의 정신과 프로테스탄티즘의 윤리」 참조

목을 「쇠사슬을 푼 프로메티우스(The Unbound Prometheus)」라고 했다.

실제 산업혁명에 의해 인류는 기계제 대공업시대에 들어가고, 이윤추구를 동기로 하는 자본주의하에서 누적적인 기술혁신과 부단한 생산 확대 없이는 존재 불가능한 지속적 경제성장의 길로 들어섰다. 이와 같은 거대한 생산력과 그칠 줄 모르는 축적충동 그리고 소비자의 왕성한 욕망의 해방결과로서 사람들의 소득이나 소비수준이 향상되었고, 적어도 물질적으로 풍부한 생활을 초래했던 것도 사실이다.

그런데 란데스는 근대산업사회로의 최초의 「돌파」(breakthrough)가 서유럽에서 수행된 결정적인 이유로서 사기업 특히 농촌공업이 「공동체적 가치관」을 벗어버리고 보다 빨리 「영업의 자유」를 취했다는 것과 이와 같이 「인적 물적·환경을 합리적으로 취급하는 것을 높게 평가한다.」고 하는 정신적 태도가 깊게 뿌리를 내린 것을 들고 있다. 16세기 이래 서구시민사회형성 과정 속에서 배양된 「경제적 합리주의」는 산업혁명을 불러일으키고, 이 산업적 변혁에 의해 자유롭고 합리적인 시장 mechanism과 그것과 매개된 경제의 효율화가 더욱 철저하게 진전하기 시작했다. 현대는 일면에서는 그와 같은 경제시대의 도달점이었으며 경제적 합리주의의 무게는 점점 크게 되고 있다. 그렇더라도 다른 면에서 근대적 서구의 합리주의는 형식적 합리주의에 머무르고 그 내면에 강한 실질적 비합리성을 포함하고 있다. 형식적 합리주의를 추진하는 형태로 전개한 경제발전은 현실에서는 분배 상의 불공정, 독점, 공황, 환경파괴, 자원·에너지 문제, 인간소외, 남북문제-나아가서는 전쟁 또는 전쟁의 위협 –등 다양한 실질적 비합리성을 만들어

내고, 또 그 극복을 위한 곤란한 시도(정책)을 수반하기도 하는 것이었다.[3)]

이러한 인식은 어느 정도 비경제적인, 새로운 사회적·문화적·윤리적인 관점(실질적인 합리성)을 기준으로 해서 「경제 논리」의 독주를 control하고, 「경제 시대」의 상대화를 모색하는 다른 모습임이 틀림없다. Weber는 「형식적 합리성」과 「실질적 합리성과의 상극」을 명백히 하는 것이 경제사의 과제라고 했지만, 우리도 그러한 관점에서 산업혁명 이후의 근·현대사의 속에서 경제발전의 성과와 음영을 더듬어 보아야 한다.

2. 세계자본주의와 국민경제

다음은 세계적인 시각이다. 영국 산업혁명을 기점으로 산업화의 커다란 파도는 차츰차츰 歐美諸國이나 그 주변을 석권하였다. 20세기 후반 최대의 세계적인 과제라는 저개발국의 공업화 문제도 또 지구적 규모에서의 산업화가 연쇄적으로 형성되는 것을 최후 국면으로 맞이하는 것이라고 이해할 수 있다. 이 경우 선진국은 한쪽에서는 압도적인 생산력적 우위에 선 경쟁자로서 후진국의 산업화에 다양한 영향을 주었다. 또 역으로 후진제지역의 존재는 이들과 관계하는 선진국의 경제적 발전에 영향이 없는 것은 아니었다.

---

3) 예를 들면 경제변동에 대응한 정책적 시도는 자본주의의 본래의 모습을 변화시켜 국가의 역할이 점점 커지는 결과를 초래하고 군비확대 경쟁은 결국 전쟁을 초래하기도 한다.

이처럼 19세기 이후가 되면, 세계 각 지역의 경제발전은 상호 불가피적으로 연결되어 서로 영향을 주게 되고, 각국의 내부사정만으로는 그 발전이나 구조를 충분히 해명할 수 없게 되었다.[4] 세계사적 관점에서 보면 各國의 「국민경제」를 「세계자본주의」의 일환으로 고찰하는 것이 필요한 것이었다.

원래 세계자본주의적 관점에서 본다는 것은 최선진국(내지 선진제국들)이 산업화(나아가서는 근대화)의 캔버스 위에 전 세계를 한 가지 색으로 칠해 버려 「영국화」해간다고 하는 收斂(동화 〔同化〕 이론)을 의미하는 것은 아니며 불균등한 발전단계에 있는 여러 경제사회가 동시적으로 존재하고, 그들이 선진 자본주의를 정점으로 하는 국제 분업 체계와 국제지배의 pyramidal 질서체계 속으로 편성되고, 상호 보완, 대립하고 서로 영향을 주는 연결 고리를 파악하는 것이다. 여러 가지 「국민경제」(내지 제지역)는 이러한 국제적 계기로 규정되고 동시에 각국고유의 내부사정에 좌우되어 각각이 독자적인 선진자본주의형, 후진자본주의형, 저개발형이라고 할 수 있는 類型을 구성하고 각각의 발전 정도에 따라 종속을 강제당하지만 각 국민경제는 자립을 指向한다.

이러한 국민경제 내지 제지역의 상호 규정적인 의존과 대항, 흡인과 반발의 dynamic한 연관의 총체가 세계 자본주의와 국민경제적 시각임이 틀림없다.

---

4) 이른바 자본주의 세계 성이라는 기본적 성격에 기인하는 것이다.

3. 산업화와 근대화

후진제국 내지 후진 제지역은 선진자본주의 외압이 존재한다는 사실에서도 본래의 순조로운 내적 발전의 궤도는 닫혀 있고 선진자본주의와는 다른 경제구조를 형성할 수밖에 없다.

「산업적으로 발전한 선진국은 후진국의 미래상」이라는 단선적 발전단계의 구도 하에서는 후진제국의 복잡한 역사적 개성을 일면밖에 이해할 수 없다. 이점과 관련해 여기서는 「산업화와 근대화의 양면성(ambivalence)」을 파악해야 한다는 시작을 살펴보자.

산업혁명으로 열린 신시대를 우리는 「이중혁명(the dual revolution)」에 의해 창출된 세계사적 상황이라고 말할 수 있다. 즉 고전적 산업혁명(영국)과 고전적 시민혁명(프랑스)이 상승적으로 작용하여 하나로 합성되어 전유럽적 규모에서 커다란 사회변동을 야기했다. E. J. Hawbshom은 이를 「이중혁명」이라고 명명했지만[5], 이 이중혁명을 전기(轉機)로 산업화와 근대화의 커다란 파도가 세계의 각지로 전파되어 갔다.

이것은 대충 잘못이 없다고 생각되지만 그렇게 간단하지는 않다. 왜냐하면, 「산업화」와 「근대화」를 구별하지 않으면 안 되기 때문이다.

즉 「산업화」(industrialization)는 여러 산업부문에서 영리기업(business)이 경영체로서 영위되어가는 과정(즉 경영화 내지 기업경영의 성립)을 말한다.

반면에 「근대화」(modernization)는 전통적 사회의 토대나 frame-

---

5) E. J. Hawbshom, 安川悦子 「市民革命 と 産業革命」, 岩波書店, 1964

work를 이루고 있는 여러 가지 제도를 내지 제관계(공공체적 제제도, 전통주의적인 사고·행동 양식을 포함)가 해체되어 근대 시민사회가 형성되는 과정을 의미한다. 이 경우 「산업화」는 개별적인 경제활동의 기업 경영화이기 때문에 반드시 전통적 사회체제의 전면적인 변혁 해체(즉 근대화 내지 시민사회의 형성)를 전제로 하는 것은 아니다.

영국, 프랑스, America 합중국 등의 선진자본주의 제국에서는 근대화가 산업화를 촉진하고, 산업화가 근대화를 완성한다고 하는 양자의 상호보완 관계가 나타났지만, 독일, 러시아, 일본 등의 후진자본주의 제국에서는 –그리고 오늘날 저개발제지역에 보이는 개발독재의 경우를 포함하여- 근대화(민주화)를 희생시켜가면 「산업화(경제발전」를 달성한다는 근대화와 산업화의 역조적 연관(부의 상관관계)이 오히려 보편적 현상이었다. 이와 같이 산업화와 근대화는 때로는 서로 보완적이 때로는 서로 반발하는 양면지향적(ambivalent)관계에 있다. 산업화의 진전이 반드시 근대화로 귀결되지 않고 오히려 자주 역으로 전통적인 이해관계와 결합되어 전근대적 속성을 근대적 속성이 함께 존재케 한다. (바꾸어 말하면 전통적인 사회 구성의 구조 속에서도 산업화가 고도로 전개될 수 있다) 이렇게 산업화의 근대화를 구분하면 후진제국에서 나타나는 모순 관계가 어떻게 해서 생겨났으며 어떠한 왜곡을 초래하는가를 이해할 수 있다.

산업화와 근대화의 global한 확산이라는 단순한 도식으로는 말할 수 없는 이와 같은 복잡한 역사의 주름을 중시하는 관점은 특히 후진 자본주의 경제를 분석하는 기본 시각으로서 중요하게 요청되는 것이다.

Ⅲ

한국 자본주의의 역사적 성격 - 그 후진성의 원인과 현상

1. 후진성의 역사적 원인

한국자본주의는 세계자본주의와의 공식적인 접촉도 시기적으로 뒤늦었을 뿐 아니라, 그 접촉대상도 당시의 후진국이었던 일본이었다. 게다가 개항(開港) 이후 34년 만에 식민지로 전락해 버린 한국 경제는 자본주의 발전의 역사에서 보이는 후진국의 일반적 특징에다 식민지라는 독특하고, 개성적인 역사적 경험으로 한국자본주의 발달은 왜곡의 정도가 더욱 심할 수밖에 없는 상황이었다.

실제 개항 당시의 한국 경제는 조선 봉건사회의 해체기였으나 자본주의가 내생적인 발전을 할 만큼의 자본 축적이나 자본주의 맹아가 보였다고 보기는 어려운 실정이었으며[1] 그 상황적 증거는 개항 이후 당시의 후진국이었던 일본의 식민지로 전락한 것이다.

---

1) 자본주의 맹아론에 대해서는 졸고(1986) 참조

한편 식민지 경제는 식민지 본국의 경제적 상황과 연결되어 있으므로 식민지 자체적 발전을 기대하기가 어렵다. 예를 들면 1930년대 나타난 공업화는 당시 일본의 독점 자본 측의 과잉자본 탈출구로서 이루어져 한국 내의 산업간 연계는 전혀 고려되지 않은 것이었다.

이러한 상황에서 맞이한 해방 이후의 경제발전 전개는 모국이 일본에서 미국으로 바뀌었을 뿐 나머지 상황은 거의 유사하다고 볼 수 있다. 비록 독립국이었지만 경제적으로는 미국의 원조에 전적으로 의존하는 형편이었음은 주지하는 바이다.

그 후 전개된 개발독재 체제 또한 부족한 자본과 기술력을 해외에 의존하는 대외 의존적 개발전략으로 한국 경제의 내식보다는 몸 부풀리기에 급급했던 것 또한 사실이다. 이렇듯 19세기 말 이후 경제의 내실화–자본의 자립도, 나아가 국민 경제의 자립–와는 상당한 괴리를 보이며 한국 경제는 전개되었다. 자본주의로의 이행기부터 내재된 구조적 취약성이 현재에도 계속 남아 있는 것이다.

이러한 자본주의 발전 과정에서 나타난 후진성의 역사적 원인은 당연히 전(前) 자본주의 사회에서 구해야 한다.[2] 자본주의 직전의 경제 사회인 '봉건사회'의 성격 여하를 파악해야 한다. 즉 자본주의가 전형적으로 전개된 서구의 봉건 사회와 우리나라의 봉건 사회를 비교 검토할 필요가 있다.

---

2) 왜냐하면, 현재는 과거와 미래의 집합체이며 현재에 나타나는 모순 내지 문제점은 과거의 농축물이므로 현재에 대한 본질적 접근은 역사적 접근이 가장 유효하기 때문이다.

먼저 서구 봉건 사회인 분권 사회를 보면 영주계급은 자체적인 고유의 경제 기반이 있는 계급이다. 영주는 장원이라는 고유 세력 기반이 있는 고로 장원경제의 발전은 곧 자신의 발전으로 연결됨으로써 무제한적 수탈을 자제하게 되고 오히려 적극적인 경제 정책 예를 들면 시장 유치나 표준 농유지 정책 등을 펴게 된다. 반면에 동양적 봉건 사회의 집권적 관료 체제하의 관료는 자기의 고유한 경제적 세력 기반이 없고, 재직 중에만 책임을 지기 때문에 무제한적이고 무책임한 수탈을 자행함으로써 경제적 여력(餘力)이 남아 있을 틈을 주지 않는다. 바로 이러한 차이가 자본주의 발달에서의 후진성을 초래하는 역사적인 원인이다. 그런데 중앙집권적 관료제의 경제적 기초는 봉건적 토지 국유제에 있는 것이므로 우리나라 후진성의 역사적 원인은 봉건적 토지 국유제를 기반으로 한 집권 관료체제에서 찾을 수밖에 없을 것이다.[3] 그리고 이러한 역사적 기원을 지닌 후진성은 현재의 한국 자본주의하에서도 그 모습을 남기고 있다. 이하에서 그러한 상징적 정황을 살펴보자.

2. 한국 자본주의의 후진적 정황

앞에서 살펴본 현대 후진 자본주의 분석을 위한 기본시각을 중심으로 한국경제를 어떻게 규정할 것인가를 살펴보기 전에 기본시각=사관의 의미를 다시 한번 생각해 보자.

---

3) 박준서(1981)

세계자본주의와 국민경제라는 시각은 후진자본주의 국가의 경제가 세계자본주의 속으로 편입되어 가는 과정 속에서 국민경제가 얼마만큼 자립경제를 달성하면서 포섭되는가를 밝히는 이른바 외부 영향을 중시하는 시각이며 산업화와 근대화라는 시각은 이른바 개별 국가 자본주의의 내재적 발전을 중시하는 것이라고 할 수 있다.

20세기 후반 저개발국들의 산업화과정을 규정하는 경우 두 시각이 지니는 경제사적 의미는 더욱 중요하다. 왜냐하면, 후진국의 자본주의 발전은 이미 형성된 선진국 자본주의 경제 속에서 포섭되면서 이루어지는 것이므로 외부적 영향과 함께 내부적 조건의 완성도 나타나야 하기 때문이다.

따라서 후진국자본주의의 성격을 규정할 때는 자본주의의 완성도(국민 경제의 자립도)를 측정해야 하는 점이 매우 중요하다. 그리고 이 경우에 근대화의 문제는 빼놓을 수 없는 중요한 요소다. 여기서는 국민경제의 자립이라는 측면과 근대화라는 측면을 고려하면서 현재의 한국 경제가 보이고 있는 후진성의 정황을 정리해 보자.

1) 자본자립의 미성숙

자본의 자립도를 어떻게 측정하는가는 매우 중요하다. 일반적으로 자본주의의 확립은 산업자본의 확립이라고 할 수 있는데 이것은 산업자본의 산업자본을 위한 산업자본에 의한 확대재생산의 성립을 의미 포함하는 것이다. 다시 말하면 축적된 자본으로 노동력을 포함한 생산요소를 구입하여 제품을 생산하고 판매하는 산업 경영체인 산업자본은 생산과정에 이윤의 원천을 두고 있으며 자본의 순환 운동을 계속적으로 확대 재생산하는 것이다. 이러한 성질의 자본이 경제 사회의 보편적 토대를 이루고 있을 때 비로소 자본의 자립은 완성되는 것이다. 즉 산업자본의 이해관계가 정치적으로 표출되게 된다. 따라서 산업자본은 정치적으로 독립된 힘을 지니게 되고 정책 결정에 막강한 영향력을 발휘하게 된다.

그런데 후진자본주의 국가에서는 축적된 자본의 부족을 국가가 제도적 지원이나 강제동원을 통하여 해결했기 때문에 전형적인 자본주의 발전과는 다른 양상을 보이게 된 것이다. 더구나 60년대 이후 개발독재 체제로 부족한 자본문제를 해결해온 우리나라는 외국자본에 의존함으로써 출발부터 경제 체질상의 허약함을 안고 있었다. 더구나 개발 초기 단계에서 행하여진 정부의 자원, 자금 배분으로 산업자본의 구체적 형태인 기업은 처음부터 국가권력으로부터 자유로울 수 없었다. 지난 40년간 개별기업이나 그룹의 부침(浮沈)을 생각하면 자본자립의 허약성은 그대로 나타난다. 이것은 마치 조선 봉건사회에 존재했던 공인자본(貢人資本)이 권력 구심점의 변화에 따라 부침을 거듭하던 것과 유사하다.

그러나 80년대 중반 이후 약간의 변화가 있다고 할 수 있는데 재벌총수의 대통령출마라든가 경영자 단체가 총선에 관한 공개적인 의견 표출 등은 아주 사소한 것이지만 자본 측의 정치 권력에 대한 대항적 선언이라는 상징적 의미를 지니는 것으로 해석할 수 있다.

그렇지만 근대화를 동반하지 못한 산업화라는 반쪽의 경제발전 과정에서 아직도 자본자립의 길은 멀고, 급변하는 외부여건의 변화는 자본자립을 더욱 저해하고 있다.

2) 대외 의존적 경제체질

식민지 경제의 잔존물을 청산하지 못하고 한국동란의 후유증인 미국원조에 의존해온 한국경제는 내적인 자본축적이나 기술개발, 경제적 자원 등이 거의 전무한 상태에서 출발했고, 이러한 상황에서 개발독재 정권은 처음부터 대외 의존적 전략을 수립할 수밖에 없었다. 즉 유일한 부존자원이라고 할 수 있는 값싼 임노동을 무기로 해외시장 중심의 강력한 수출드라이브 정책이 바로 그것이다.

이러한 배태(胚胎)적인 대외 의존성은 국민경제자립의 걸림돌이다. 그런데 이처럼 국내산업의 기반 없이 중계무역이나 임가공형의 발전에 대한 역사적 교훈은 자본주의 발전 초기의 영국과 네덜란드의 경우가 있음은 주지의 사실이다. 당시 영국은 국내에 전개된 농촌공업을 기반으로 세계 무역에 나섰고 네덜란드는 국내산업의 기반이 충분치 못한 상태에서 중계무역형의 발전을 한 결과 결국 영국에게 세계의 패권을 넘겨주는 빌미를 마련했던 것이다. 이처럼 대외 의존적인 경제체질은 자립경제를 달성하기 못한다.

그런데 왜 이러한 대외 의존성이 후진성의 지표가 될 수 있을까? 일반적으로 단순한 대외 의존적인 경제가 모두 후진적인 것은 아니다. 예로 들어 스위스처럼 대외의존도가 높은 경제는 후진적이라고 하지 않는다. 스위스의 경우 몇몇 공업 분야는 세계적인 기술 수준을 유지하고 있어 그것만으로 자립이 가능한 시스템이다. 그러나 우리나라의 경우는 자립경제를 이룩하지 못한 상태에서 대외 의존성이 매우 높기 때문에 후진성의 지표가 될 수 있다. 특히 경제의 자립이 달성되지 못한 상태에서 행해지고 있는 무분

별한 개방화 정책이나 세계화의 추구는 대외 의존성을 더욱 심화시킬 것이다. 물론 세계화, 개방화라는 역사적 흐름을 거스를 수는 없지만, 정부는 자립경제의 여건을 마련해 주면서-예를 들면 식량 자급도 제고, 제조업 우대 정책의 실행 등- 개방화나 세계화 전략을 추구해야 할 것이다. 앞에서 지적했듯이 배타적인 경제 체질의 허약함을 보완하지 않는 한 한국 경제의 미래는 매우 위험할 수 있기 때문이다.

3) 지나친 정경유착–부정부패의 연결고리-

역사적으로 전형적인 정경유착(政經癒着)의 형태는 절대주의 왕정 시대에 이미 나타나고 있다. 특권상인에 대한 특허장 발부 내지 왕의 절대적 지지, 특권매뉴팩츄어의 설립 허가 등이 그것이다. 그런데 이러한 정경유착의 형태인 특권이나 특혜는 부르주아 계급의 성장과 함께 없어지기 시작하고 시민사회의 성립과 함께 소멸한다.

그러나 우리나라의 경우는 어떠한가를 살펴보자. 잘 아는 것처럼 우리나라는 세계자본주의와의 공식적 접촉도 늦었을 뿐만 아니라 자본주의의 내부적인 발전 가능성도 거의 없었다. 그 결과가 당시 가장 후진자본주의 국가였던 일본의 식민지로 전락한 것이었다. 해방 당시 우리나라 경제는 식민지 경제체제의 붕괴-식민지 본국과의 단절-와 전후 인플레이션으로 경제 상황은 극도로 악화되었고 이 틈을 메꾼 미군정의 정책은 결국 우호적 친미(親美)인 사들을 가장 큰 수혜자로 만들었다. 또한, 국내의 유일한 토착 자산가 계급이라고 할 수 있던 기생적 지주계급은 농지개혁을 통해 공중 분해되어 자체적인 자본축적은 처음부터 불가능했다. 그 후에 발발한 한국전쟁은 그나마 남아있던 산업시설 대부분을 파괴해버렸다. 이어지는 미국의 원조자금을 통한 원료수입에 의존한 공업화는 필연적으로 정경유작을 유발할 수밖에 없었고 이러한 형태는 부정부패의 연결고리로서 지금까지도 이어져 오고 있다. 부족한 자원 배분이 정치 권력에 의해 이루어지는 한 특혜시비는 끊임없이 일어날 수밖에 없고 부정부패의 고리는 끊으려야 끊을 수 없다.

물론 단순히 정경유착만을 가지고 후진의 지표를 삼을 수는 없다. 왜냐하면, 정치와 경제의 밀월관계는 선·후진국을 막론하고 존재하지만 후진국일수록 정경유착과 부정부패의 정도가 심하므로 정경유착의 정도가 후진성의 지표가 될 수 있는 것이다.

4) 사회 · 문화의 전통적 유산- Asia적 공동체의 유산

전근대사회의 기본적 토대는 공동체(commune)이다. 대체적으로 인류가 문명사회로 들어선 이후 공동체의 유형은 아시아적 형태, 고전 고대적 형태, 게르만적 형태로 구분하고 각각의 형태는 고대동양전제군주사회, 그리스·로마 시대 및 서구 봉건사회에서 가장 전형적인 형태로 전개되었다. 이 중에서 아시아적 형태를 토대로 전개된 동양 사회는 그 공동체적 유제가 상당히 오랫동안 잔존하고 있다. 이에 우리나라도 아시아적 형태의 특성이 아직도 남아있는 측면이 있어 전통적 사고 양식, 행동 양식의 변화속도가 매우 더뎌 후진성(근대화라는 측면)을 유발하고 있다. 이에 아시아적 형태의 기본적 특성 중 두 가지 요인만을 살펴보기로 하자.

(1) 온정주의(溫情主義)의 잔존

아시아적 공동체로부터 출발한 우리나라의 역사적 발전과정은 많은 공동체적 유제(遺制)를 남기면서 사회의 성격 변화가 매우 더디게 나타나고 있다. 이른바 '아시아적 공동체의 불면성'이다.

가부장적 대가족제를 혈연고직으로 지니고 있는 아시아적 공동체의 온정주의는 부정(父精) 중심의 온정주의로 나타난다. 요즈음 식으로 표현하면 보스(Boss) 중심의 사회이다. 즉 보스가 부하들에게 모든 것을 시혜(施惠)하는 형식으로 정치·경제는 물론이고 거의 모든 부문에서 이러한 현상이 존재한다. 즉 수직적 조직이 중추를 이루고 있는 사회이다. 이러한 사회적 현상의 온존은 시민혁명을 경험하지 못한 전통적 사고, 행동 양식에 기인하는 것으로 봉건적 잔재물(殘滓物)이다.

물론 시민사회가 성숙한 곳에도 보스는 존재하지만, 지도력을 발휘하여 스스로의 위치를 확립한 리더와 전통적인 신분의 계승 내지는 금전·강권 등 폭력적 수단에 의거한 리더와는 구별되어야 하고 선진사회일수록 전자유형의 보스중심이며 후진국일수록 후자 유형의 보스중심은 부정할 수 없다.

(2) 이중 도덕 기준-대내 도덕과 대외 도덕-

아시아적 형태의 공동체를 비롯한 공동체 일반은 도덕 기준이 되는 이중적이라는 특징을 지니고 있다. 원래 소우주를 형성하고 있는 개별 공동체는 대내 도덕 기준(즉 공동체 구성원에게 적용하는 기준)과 대외적 기준(즉 공동체 구성원이 아닌 적(敵)에게 적용하는 기준)이 다르게 나타난다. 이러한 이중도덕(二重道德)

은 공동체가 해체되어 근대사회로 이행해 가면 서로의 기준이 상호 접근 내지 수렴하여 시민사회의 도덕 내지 윤리 기준이 형성되는 것이다. 물론 이 과정에서 M. Weber가 말하는 자본주의적 정신에 프로테스탄트들의 종교적 윤리관도 한 몫 거들었음은 일반적으로 인정받고 있다. 그런데 우리나라의 경우 공동체 일반의 해체가 대단히 늦었고 또한 단기간에 이루어져 이중 도덕 기준이 수렴하기보다는 더욱 확대·발산하는 경향을 보이고 있다. 이는 전통적 사회의 토대 위에서 산업화가 이루어진 탓이라 볼 수 있다.

이런 결과는 사회전체를 무질서의 혼란 상태에 빠뜨리고 시민사회 내지 민주사회라는 근대화 측면에서 후진성을 초래할 뿐이다.

이중 도덕 기준이 수렴하기보다는 더욱 확대 · 발산하는 경향을 보이고 있다. 이는 전통적 사회의 토대 위에서 산업화가 이루어진 탓이라 볼 수 있다.

이런 결과는 사회전체를 무질서의 혼란 상태에 빠트리고 시민사회 내지 민주사회라는 근대화 측면에서 후진성을 초래할 뿐이다.

IV

한국 자본주의의 발전과제

앞에서 살펴본 것처럼 한국자본주의 발전 단계는 절대 왕정에서 초기 자본주의 단계로 이행하는 정도의 천민자본주의적인 성격을 노정하고 있다.

한국자본주의의 현대 성격을 위와 같이 규정하면 한국 자본주의의 발전과제는 단기적으로는 자본주의의 완성도를 확립하는 방향–자립경제의 달성–과 장기적으로는 후진국의 미해상인 최선진국으로 발전 방향과 새로운 체제로의 방향이라는 선택문제가 있다. 그런데 이러한 단기적 과제와 장기적 과제는 서로 대립적인 것이 아니고 상호보완적으로 검토되어야 한다. 게다가 이 문제는 현재 세계적 조류인 개방화, 세계화의 신시장주의의 논리와 연결하여 생각해야만 하는 어려운 과제임이 틀림없다. 여기서 이러한 점을 감안하여 시장주의를 검토하고 장기 전략과 단기 전략을 살펴보기로 하자.

1. 신고전파적 시장 만능주의의 극복

사회과학으로서의 경제학은 자본주의와 함께 시작되었다. 즉 아담 스미스의 『국부론』에서 시작한 자본주의 경제학의 원리는 시장(market)에 있다. 스미스가 '신의 보이지 않는 손'이라고 시장의 기능을 파악한 이후 거의 모든 경제학자의 주된 관심은 시장에 있었고 지금 현재의 경제학에서도 시장에 관한 논의가 주요 관심사이다.

이러한 경제학의 흐름 속에 나타난 시대적·사상적 조류는 자유주의라는 이념을 배경으로 한 시장만능주의(市場萬能主義)이다. 그러나 이러한 시장주의(marketism)는 좀 더 고찰해야 할 필요가 있다. 그 이유를 간단히 말하면 인간 경제생활을 해결하는 전지전능의 존재로서 시장이 과연 적당한 구실을 할 수 있는가가 의문이기 때문이다. 이점 또한 한국 자본주의 발달의 과제를 모색할 때 반드시 고려해야 할 기본 전제이다.

시장이 효율적으로 기능하면 파레토 최적에 달할 수 있다고 믿는 신고전파적 사고에서는 '완전경쟁시장'이 가장 이상적인 형태의 시장이다. 자본주의가 지향하는 가치를 효율성(efficiency)이라고 강조하면 모든 경제적 문제는 시장으로 귀결하게 된다. 완전경쟁 시장을 이상형(ideal typus)으로 한 사고는 질적 측면을 도외시한 양적인 효율성의 추구로 치닫게 되고 모든 것을 시장주의로 해결할 수 있다고 믿는 '시장만능주의'로 귀결된다.

그러나 경쟁적 시장이 효율적이라고 하지만 이것은 자본주의가 성립했음을 전제로 가능하다. 자본주의 경제는 시장경제라고도 하지만 이 말은 '경제(economy)' 현상을 인간 생활의 물질적 신진대사과정(생산과 소비의 순환)이라고 할 때 순환과정을 구성하고 있는 유통현상을 지칭한 것이다. 요즈음 같이 효율성이 최고의 가치로 등장하게 되면 시장경제라는 의미는 완전경쟁시장을 의미하는 것이며 그 귀결은 경쟁력이라는 '힘(power)의 논리'로 전락해 버린다. 완전경쟁이 가장 이상적이라는 말은 가장 경쟁력(힘)이 있는 경제주체만이 살아남을 수 있음을 의미하고 수요와 공급에 의해서만 가격과 시장 균형량이 결정된다. 그러나 실제로 우리의 현실을 감안하면 효율성을 추구하는 완전경쟁시장의 이념이 우리 경제에 도입될 만한 것인가 하는 문제를 진지하게 검토할 필요가 있다.

금융 및 외환의 자유화·국제화 시대, WTO 체제의 확립 등 세계의 조류는 바로 이러한 시장 만능 주의의 세계적 범람을 의미하는 것이다. 즉 효율성을 추구하는 신고전파적 사고의 또 다른 표현에 불과하다. 이러한 상황에서 G7 정도의 국가도 일부 계층을 제외한 나머지와 후진국의 인류는 국제화, 자유화라는 미명 아래에서 상당한 어려움에 직면할지도 모른다. 실제로 80년대 신보수주의적 경제정책-미국의 레이거노믹스, 영국의 대처리즘 등-의 실시 이후 현재에 이르기까지 G7 국가 내의 소득분배 상황은 더욱더 불평등도가 심화되고 있는 것으로 나타나 있다.[1] 이른바 20/80 사회의 도래(到來)이다. 이것은 무엇을 의미하는가. 경제위기를 벗어나야 한다는 정치적 프로퍼겐다하에 국민대중의 희생을 강요하는 '대중 궁핍화'임에 틀림없다. 또한, 90년대에 들어 나타

1) Business Week, April 24, 2000

난 '신자유주의 조류'인 WTO 체제하의 금융·외환 자유화와 세계화는 선진국과 후진국 간의 격차를 더욱 심화시키는 '근린국(近隣國) 궁핍화'임에 틀림없다. 더구나 미국경제의 변화는 이러한 성격을 여실히 보여준다. 즉 소위 구조조정(restructuring)을 통한 미국경제의 경쟁력 회복의 실상은 노동비용 절감을 통해 이루어진 것이며, '기업의 수익' 측면만을 강조한 것이라고 할 수 있다. 이러한 수익지상주의는 결국 금융시장의 이상(異常)한 열기만 고조시켜 전 세계 국가의 운명이 월스트리트 가의 금융자본가 손에 좌우되고 있는 측면이 매우 강하게 나타나고 있다. 동남아시아나 우리나라의 외환위기 실상도 이러한 실정이 현실로 반영된 것이다.[2] 이러한 점을 고려하여 한국 자본주의 발전 과제를 모색해 보자.

2. 바람직한 한국 자본주의의 장기 발전방향

이 문제는 경제발전의 궁극적인 지향점을 어디에 두느냐에 달려 있다. 이제까지의 경제학은 발전단계의 최후단계를 경제발전단계론에서 구했다. 예를 들어 유물 사관론자들은 공산주의 내지 사회주의를 인류의 최후단계로 보았지만, 현실적인 실험은 90년대 초 구소련의 붕괴와 동유럽 국가들의 경제체제 붕괴로 그 실패를 노정하고 끝내 자본주의 체제의 승리로, 20세기의 현상적인 경제체제 논쟁은 끝났다. 그러나 문제는 사회주의 경제체제의 실

2) 이찬근(1999)

패가 곧바로 자본주의 경제체제의 승리를 의미하지는 않는다는 것이다. 왜냐하면, 인간사회는 계속 발전·변화해 가는 생명체와 같은 것이므로 앞으로의 자본주의 경제체제가 어떻게 발전할지는 아무도 알 수 없기 때문이다. 다만 지금처럼 '생산력' 우선의 물질적 팽창만을 강조한다면 환경파괴라는 인류의 기본적 생존을 위협하는 구면에 다다를 것이고 그것은 곧 지구적 규모의 공멸(攻滅)을 초래할 수 있다.

따라서 장기적인 경제체제의 발전은 당연히 지구와 공생(共生)할 수 있는 시스템의 구축이어야 한다. 자원 낭비적이고 환경 파괴적인 물질생산만으로는 현재의 경제체제가 지니고 있는 생명을 단축하고 말 것이다. 이러한 난점들의 해결을 위해서는 이제까지 생산력에 가치를 두었던 서구적 가치관에서 벗어나 자연 친화적인 동양적 가치관을 확립해야 할 필요가 있다.

원래 경제란 사람들이 먹고사는 것과 관련된 모든 행위를 말한다. 살아가기 위해 소비하고, 소비하기 위해 생산하는 것이다. 생산은 가치의 창조이며 사회가 발전·복잡화함에 따라 노동행위와 자본행위가 분리·결합한 자본주의 체제가 나타난 것이다. 그러나 경제행위의 본질에는 변함이 없다. 다시 말하면 경제 행위의 주체는 인간이므로 경제라는 사회현상은 인간 중심이어야 한다. 따라서 경제 현상을 연구하는 경제학의 중심에는 '인간'이 있어야 한다. 그러나 신고전파 이후의 경제학에서는 점차 인간이 경제학의 중심부에서 멀어져갔다. 그 결과 생산력, 효율성, 경제성장 등 양적인 측면에서만 경제성과를 판단하는 경제학으로 변모되어 간 것이다. 따라서 경제학은 현실 설명력이 점차 떨어진 경제학자들의 '지적(知的) 놀음'으로 전락해 버렸다.

앞으로의 경제체제는 이러한 경제학에서 탈피한 새로운 모습의 경제학을 근거로 거듭 태어나야 한다. 자연과 융합하는 인간을 중심에 둔 경제이론을 정립하지 못하면 인류는 공멸의 길을 걸을 것이다. 새로운 경제학의 탄생을 위해서는 이제까지의 경제학의 모든 개념을 비롯한 소유 관계, 생산양식, 시장론 등을 재검토해야 할 것이다. 이러한 새로운 경제학은 한국경제뿐만 아니라 인류사회의 장기적 발전과 존립을 위해서도 시급히 모색되어야 한다.

그러면 구체적으로 어떠한 경제체제가 미래의 한국사회나 인류사회를 위해 바람직할까 하는 점을 살펴보자.

경제 현상을 인간의 생명유지와 관련한 물질적 신진대사과정이라고 한다면 이 과정은 '순환 운동'이다. 이것이 운동인 한 운동의 결과를 고려하지 않을 수 없는데, 운동은 효과적이어야 한다. 즉 최고의 노력으로 최대의 효과를 이룰 수 있는 것이 가장 좋다. 이점이 강조된 것이 물질적 생산력을 중시한 경제학의 커다란 흐름이다. 그러나 이 운동은 단순히 반복되는 것이 아니고 제자리로 다시 돌아오는 순환 운동이다. 물론 사회가 발전한다는 의미에서 순환의 시발점이 항상 같을 수 없지만, 순환의 크기를 규정하는 '부존자원'의 상태는 일정한 것이다. 따라서 이 순환의 크기가 무제한적으로 커질 수 없다는 사실을 인식해야 한다. 결국, 이것에는 함께 사는 '공생', 서로 돕고 사는 '상생(相生)이라는 가치관의 도입이 필요하게 되었음을 의미한다.

자본주의 체제하에서 공생과 상생의 가치가 전혀 실현되지 않는 것은 아니지만-소위 복지국가의 개념은 어느 정도 이러한 가치를 인위적으로 실현하려는 시도라고 볼 수 있다-현재의 시장주의로는 공생과 상생의 가치를 완전하게 실현할 수 없다. 새로운 가치의 실현을 위해서는 비시장적 영역이 확대되어야 한다. 즉 '공동에 질서의 부활'을 이룬 경제체제의 실현이 필요하다.[3)]

장기적으로 한국 자본주의의 발전은 '인간 중심의 가치관과 공동체 질서의 부활'이라는 방향성을 지녀야 한다. 이러한 방향으로 지속적인 전진을 하기 위해서 먼저 한국 자본주의는 다음과 같은 단기적인 발전전략이 필요하다.

3. 한국 자본주의 발전의 단기적 전략

앞에서 언급했듯이 한국 자본주의는 완성도 측면에서 취약성을 노정하고 있다. 이러한 자본주의의 후진성이 IMF 사태와 같은 경제 위기 발생의 가능성을 상존시키는 것이다. 특히 후진적 자본주의가 세계화라는 조류와 맞물려 있으면 이러한 위기 가능성은 더욱 커진다. 따라서 여기서는 한국 자본주의의 단기적 과제를 국민경제의 자립이라는 측면에서 모색하기로 한다.

현대는 세계화 시대로 세계시장에서 국가경쟁력을 중시하고 있다. 이른바 무한경쟁 시대이다. 이러한 경쟁에서 살아남기 위해 자신의 힘을 기르는 것이 무엇보다 중요하며 우리나라는 수출경쟁력만이 국가경쟁력의 요체라고 보고 60년대 이후의 모든 국력을 '수출=경제성장'이라는 개발전략에 쏟아부었다. 사실 우리가 누렸던 '짧았던 달콤함'은 이러한 개발전략에 힘입은 바가 컸음도

---

3) 생산자 협동조합, 소비자 협동조합 등의 논의를 주목할 필요가 있다. 특히 자활생산 공동체, 지역농업론, 생활협동조합 등을 그 구체적인 예로 볼 수 있다.

사실이다. 그런데 이러한 성장 위주의 경제개발정책의 부정적 측면 또한 큰 것이었으며 이것이 오늘날 한국 자본주의의 취약성을 너욱 심화시켰넌 것이다. 즉 자원 빈국이 우리나라는 수출 경쟁력을 위해 저임금을 근간으로 한 가격만을 중시한 정책으로 출발하여 수출시장에 본격적으로 돌입하였다. 부족한 기술과 자본을 보충하기 위해 외국에 의존하게 되고 정부가 수입한 외국기술과 자본 등 자원 배분에 적극적으로 개입함으로써 정경유착이라는 초기 자본주의적 상황을 온존시키고 말았다. 또한, 저임금의 실현을 가능하게 하기 위해 저농산물 가격을 유지해야만 했고, 때문에 농업 부문은 커다란 희생을 감수해야만 했다. 이러한 경제정책의 기본선상에서 한국 자본주의는 완성도가 떨어질 수밖에 없었고 허약체질의 기형적 형태를 시현할 수밖에 없었다. 80년대 후반 이후 약 10년간의 달콤함은 그나마 허약한 채로 성장한 한국 자본주의 발전의 과실(果實)이었으며, IMF 체제라는 경제적 식민지화 -그 회복 기간이 얼마나 될지 불확실하다-는 이러한 취약성은 그대로 드러낸 것이다.

따라서 분명한 것은 이러한 허약 체질의 한국 자본주의를 어떻게 보완하여 보다 강인한 체질로 변화시키는가가 시급하다는 사실이다. 미국식의 구조조정 정책은 세계화·자유화라는 세계사적 흐름에 우리 경제를 내맡기는 무책임한 낙관적 견해이다. 발전단계가 다르고 역사적 배경이 다른 우리나라가 현재로 가장 발달한 단계에 있다고 하는 미국식 경제정책을 도입하는 것은 마치 경량급의 권투선수가 중량급의 권투선수와 시합을 하는 것과 같이 어리석은 일이다. 따라서 한국 자본주의 발달의 단기과제는 '국민경제의 자립'을 어떻게 달성하느냐 하는 것이다.

국민경제의 자립이란 정상적인 국가의 경제활동으로 국제경쟁에 대처할 수 있어야 한다. 그러기 위해 몇 가지 근본적이고 현실성 있는 제안을 생각해 보자.

가장 먼저 필요한 것은 식량(사료 포함)의 자급을 달성하는 일이다. 앞에서도 지적했듯이 우리나라는 경제성장의 대사로 식량자급도가 1965년 93.9%에서 1996년 26.7%로 31년간 67.2% 포인트나 하락했다. 이것은 그동안 정부의 농정(農政)이 전혀 없었음을 의미한다. 식량의 자급이 단순히 식량안보라는 의미만 있는 것이 아니다.

식량의 자급을 위해서는 농업부문이 활발해져야 한다. 농업은 매우 독특한 성질을 지닌 산업이다. 공업처럼 계획생산이나 생산예측도 불가능하지만 여러 가지로 경제·사회에 득을 주는 산업부문이다. 즉 가장 자연법칙에 순응하는, 다시 말하면 자연 친화적 산업이다. 따라서 농업부문의 활발화는 인간의 생산 활동을 자연 중심적으로 회귀시키는 데 일조를 담당할 것이다. 이것은 단기적으로 한국 자본주의의 자립도를 높이는 것이며 동시에 장기적으로는 자연 친화적인 인간 중심의 경제체제로의 이행을 준비하는 일이다.4)

국민경제의 자립을 위한 경상수지 흑자의 실현을 위해 가장 중요한 일은 수출의 확대이다. 수출의 확대를 위해서는 수출경쟁력을 갖추어야 하는데 수출경쟁력은 가격경쟁력과 기술경쟁력이 있어야 한다. 이제까지 한국 상품의 이미지는 '값싸고 좋은 물건'이

4) 농업의 중요성에 대해서는 大内 力 『農業 の 基本的 價値를 참조』

었음은 주지의 사실이다. 그러나 90년대 중반 이후에는 이러한 이미지가 '값만 비싸고 좋지도 않은 물건'으로 바뀌었다. 이것을 '고비용 저효율' 구조라고 명명하여 80년대 후반 이후의 임금상승 탓으로 치부해 온 것도 사실이다. 물론 고비용을 초래한 요인 중에는 임금상승도 커다란 요인이지만 사실 기업 측의 기술축적이나 신기술개발에 대한 열정보다 기술도입에 급급했던 태도 또한 고비용 구조를 초래한 중요한 요인이다. 만일 임금상승분만큼 생산성의 상승이 이루어졌다면 고비용의 문제는 존재하지 않았을 것이다. 실제로 고비용의 실체에 임금상승 이외의 요인은 없었을까? 기업경영과 관련 없는 비용부담이나 해외기술 도입에 따른 비용유출은 없었을까? 기업경영자나 노동자나 모두 쉽게 가려고 한 것은 아니었을까 깊이 반성해야 한다.

산업기술은 단기간 내에 이룩되는 것은 아니다. 우리의 자본주의는 시작단계이다. 따라서 외국기술의 이전을 통해 기술을 축적해야 한다. 즉 이전된 기술을 충분히 소화해야 하는데 소화불량인 채로 계속 첨단기술만 고집한다면 이보다 더 큰 비용부담은 없다. 이러한 점을 감안하면 우리 상품의 수출경쟁력은 도입한 기술을 완전히 소화한 뒤에 기술의 개량·개선을 통한 기술축적, 소위 '틈새기술(niche technology)의 개발'이 필요하다. 열심히 물건을 만들어 내는 힘, 다시 말하면 제조업의 경쟁력이 있어야 경제체질이 강화된다. 따라서 단기적으로 한국 자본주의의 발달과제는 바로 이러한 틈새기술의 연마를 통한 기술축적이어야 하고 이것은 '산업자본주의의 완성'을 촉진하는 일이다.

끝으로 이러한 틈새기술을 갖춘 기업이 생존하기 위해서는 불완전한 시장의 완성도를 갖추어야 한다. 즉 시장원리에 따른 기업

간 경쟁이 이루어져야 한다. 시장 만능 주의가 아닌 '시장신뢰'가 형성되어야 한다. '시장신뢰'란 정상적인 경영을 하지 못하는 제조기업은 그것이 아무리 '재벌'이라고 해도 망할 수 있어야 한다. 다시 말하면 초기 자본주의의 정경유착에서 벗어나 산업자본주의 시대의 시장원리가 적용되어야 한다. 그래야 관치금융에서도 벗어날 수 있다, 즉 경제순환과정을 건실하게 하는 데 초점을 맞추어야 한다. 각 경제주체가 서로 돕고 사는 상생의 순환체제를 완성해야 한다. 그래서 한국 자본주의는 그 발전의 중요한 가치인 '평등과 상생'을 확립하면서 산업 자본주의의 완성이라는 목표를 이룰 수 있다. 만일 이러한 목표를 이루지 못하면 한국경제는 자유화·세계화의 탈을 쓴 시장 만능 주의라는 냉엄한 세계사적 조류의 소용돌이 속에서 표류하고 말 것이다.

V

맺음말

최근에 벌어진 현대 그룹의 경영주도권 분쟁은 우리나라 경제가 지닌 봉건적 현상을 여실히 보여 주었다. 아무리 근대적 형태의 주식회사, 주식분산 등의 모습을 갖추고 있다고 하더라도 사회구조 내지 성격의 변화가 수반되지 않는 산업화만의 전개는 근대화로의 이행을 왜곡시킨다. 따라서 우리나라 경제를 분석하는 데 있어 근본적인 점을 도외시하고 표면적 현상만을 분석해서는 정확한 모습을 그려내기가 어렵다. 그렇다고 현상적 분석을 무시하거나 배제하는 것은 아니다. 그 누구도 현재의 우리나라 경제체제가 자본주의 체제를 근간으로 하고 있음을 부정하지 않는다. 다만 자본주의 경제체제도 초기의 모습 내지 선진국의 모습과는 상당히 거리가 있는 것이지만, 그래도 현재의 우리 모습을 정확하게 그려내기 위해서는 본질적인 문제에 대한 해답과 동시에 현상분석이 이루어져야 할 것이다. 그래야만 앞으로의 전대될 새로운 경제체제나 시스템 구축을 위한 기본 방향의 설정이 가능할 것이다.

아무래도 현재 우리의 모습은 내면적으로는 초기 자본주의적 요소가 많고 외면적으로는 후기 자본주의적 속성을 지닌 이중 구조라 할 수 있다. 물론 이것은 후진국이기 때문에 겪는 과정으로 이해할 수 있으나 이러한 이중 구조의 갭(gap)을 메우기 위해서는 내부 발전의 기반-자립경제의 달성, 새로운 사회의 도덕적 기준에 대한 국민적 합의 등-이 갖추어져야 할 것이다. 그런 연후에 개방화·세계화의 추구가 이루어지는 것이 순서일 것이다. 역사는 시행착오의 연속이다. 역사적 교훈을 얻는다는 것은 시행착오의 반복을 줄이려는 일이다. 한국 자본주의의 발달과제는 단기적으로는 국민경제의 자립이다. 경제사적 표현을 빌리면 '산업자본주의의 완성'이다. 산업자본주의의 완성을 위해서, 기업경영의 투명성 확보, 자기자본 중심의 경영, 새로운 경제 룰(rule)-평등과 상생의 원리-의 확립 등을 모색해야 한다. 그리고 또 이러한 조건이 성숙해져야만 새로운 경제시스템 구축을 위한 장기비전이 생겨나는 것이다.

현재 우리가 처해있는 상황을 정확히 인식하고 그 해결책을 찾지 못한다면 한국 자본주의는 현재의 단계를 벗어나기 어려울 것이다.

3부 극복

극복을 위한 단상(斷想)

I

문제의 제기

시각(視角)의 정리

우리가 현재 살고 있는 21세기는 기본적으로 시장경제를 중심으로 한 자본주의 경제체제이다. 그런데 자본주의 체계는 역사적 산물이며 사회는 생명이 있는 생명체로 다양한 모습으로 나타난다.

지금까지 일반적으로 경제학에서 분석하고 있는 자본주의는 15세기 이후의 유럽 경제 환경의 변화를 중심으로 근대 유럽 또는 아메리카 대륙에 나타난 독특한 경제 사회의 체제를 그 모델로 하고 있다. 역사적 산물인 자본주의 경제체제의 성립에 대한 이해에는 크게 두 가지 접근이 지금까지의 정설(定說)이다. 즉 이른바 연속설과 단절설이라는 접근이다. 이 두 가지 입장의 차이에 대해서 면밀한 검토를 통해 현대 한국 자본주의의 성격–천민성 내지 천박성-의 원인을 파악하려는 것이 기본적 시각의 출발이다.

연속설과 단절설

자본주의를 정의할 때 보통 근대 유럽 내지 아메리카에서 나타난 독특한 경제 사회체제라고 하고 그 성립에 관한 논의는 크게 두 입장이 있다. 일반적으로 어떤 사회의 변혁이 일어날 때 그 전·후를 비교하여 연속적인 사회 계보가 존재하면 변혁은 과거의 연속이라고 보는 것이며, 만일 전혀 그 성질을 달리한다면 이를 단절된 두 사회로 해석을 하는 단절설이 또 하나의 접근 방식이다.

이런 점을 감안하면 자본주의 성립을 둘러싼 논의는 다음과 같이 요약할 수 있다.

먼저 단절설의 경우 새로운 사회로의 이행 주체는 전 사회의 주도 계층이 아닌 새로운 계층에서 나타난다고 하는 사회적 계보의 불연속성이 존재한다고 한다. 즉 자본주의 사회가 발생할 때 자본주의의 역사적 주체인 부르주아–중산적 생산자층으로부터 유례 됨–는 종래의 귀족이나 특권 상인이 아닌 독립자영농민이나 수공업자층을 계보로 하는 새로운 주도 계층으로 나타난다는 것이다.

반면에 연속설의 경우는 근대 자본주의의 주도 계층의 계보를 더듬어 보면 반드시 새로운 계층이 아닌 구 귀족층이나 특권적 대상인 등의 계보라는 것이다. 따라서 자본주의 사회는 봉건제 사회의 연속이며 단절된 사회가 아니라는 해석이다.

그런데 이 두 입장은 서로가 서로를 극복하는 오직 하나만의 이론이 옳다라는 식의 해석으로는 역사발전의 역동성을 명확히 할 수 없다. 즉 각국이 처한 사정, 다시 말해 문화·자연환경 그리고 주변 국가들과의 경합 내지 선진국의 강한 압박 등 다양한 요인이 존재하기 때문이다.

그래도 근대사회로의 이행을 이중혁명(Dual Revolution)의–고전적 산업혁명과 고전적 시민혁명– 이 상호 상승·보완해 가는 과정으로 사회 주도적 계층의 계보와 기술혁신의 계보를 간단히 요약하면 한국경제가 보이고 있는 천민성 내지 천박함–이론적으로는 '후진성'의 본질이라고 할 수 있음–의 원인의 단서를 찾을 수 있다.

구분	선진국(영·불)	후진국(독·일)	한국 (개발독재국 20세기후반 독립국)
사회계층의 계보	불연속	연속	불연속
기술 혁신의 계보	연속	불연속	불연속

기술혁신의 연속 여부는 산업혁명이 자생적이고 가장 고전적 형태로 발생한 영국의 기술혁신 담당자들이 거의 전부가 현장노동자들이었다는 점에서 알 수 있다. 이는 그들의 기술이나 발명들은 경험에서 온 것들로서 기술의 연속성이 존재하고 있다고 할 수 있다. 그러나 후진국은 경제 발전 초기부터 선진국의 새로운 기술(당시 수준으로는 최고로 할 만한 기술)을 도입하여 선진국과 경합해야 함에 따라서 신기술 도입이 이루어지게 되고 그 결과 기술혁신의 불연속이 생겨나며 전통적 수공업의 급격한 몰락이라는 공통적 현상이 나타나고 있다.

한국의 사회적 계보가 보이는 특징

현재 한국사회가 보이는 계층 간 세대 간 갈등의 근본적 원인을 어디서 찾을 수 있을까. 단순히 원론적 표현인 보·혁의 갈등만으로는 설명할 수 없다. 이러한 갈등의 시작은 타인을 인정하지 못하는 배려의 부족에 기인한다. 다시 말하면 나만이 옳다는 잘못된 자만심의 발로이다. 그러면 이러한 사회적 분위기는 어디에서 유래할까.

인간의 행동 양식을 규정하는 가장 영향력이 있는 친화성이 강한 요인은 아마 이데올레기인 듯하다. 종교·사상· 나아가 자연환경 등의 총체를 역사 내지 문화라 이야기한다. 따라서 우리의 사고방식이나 행동 양식을 규정한 요인은 고려 말 유입된 유학의 일파인 주자학의 영향력이 가장 컸을 것이다.

여러 가지 설명이 가능하겠지만 주자학은 유학의 원리주의이다. 성(性)·리(理)에 관한 개념이나 대의명분(大義名分)논의는 더욱 그러하다. 본래 원리주의적 사고방식의 배타성은 이미 경험적으로 더욱 폐쇄성이 강조되는 것임을 굳이 말하지 않아도 충분히 알 수 있다. 특히 인의(仁義)를 중시하면서 대의(大義)·소의(小義)의 구분을 하는 것은 명분론의 극치를 보여주는 것이며 명분대 명분의 논쟁은 결말이 날 수 없다. 따라서 중상모략을 통한 논쟁의 끝은 당파(黨派)의 일반화를 가져왔다.

본래 당파성의 시작은 집권제 하에서 어느 일파의 독주를 견제하는 기능을 지닌 것이나 오랜 기간 계속되면서 마치 우리 정신속에 스며든 문화적 유산으로 치부하기도 하지만 실은 타인에 대한 인정이나 배려가 없어지면서 더욱 심화된 현상이라고 보인다.

명분(名分)과 실리(實利)가 혼재되어 있는 상황에서 실리를 감추고 명분만 내세우는 사회주도층의 이중적 행태는 질서의 기준이 애매해지고 상과 벌이 분명치 않은 사회적 혼돈을 초래하는 것이다.

반상(班常)의 구분이 없어지면서 생겨난 양반 콤플렉스는 사회주도층의 허상을 깨닫게 하고 상대에 대한 인정이 아닌 무시로 일관된다. 특히 개화기를 거쳐 식민지 시대를 한국전쟁, 전쟁 후, 개발 독재기를 거쳐 민주화 시대까지 근·현대 한국의 사회적 변동은 주도 계층의 형성을 저해하고 있다.

사회적 주도층의 형성은 그 사회의 기본적 질서·문화·사고방식·생활양식 등 다양한 측면에서의 질서를 형성하는 것, 다시 말하면 도덕적 기준 내지 가치판단의 실제적 기준들의 형성을 의미하는 것이어서 사회 발전에 있어 매우 중요한 요인이다.

한국 경제 사회의 천민성과 그 원인

본래 천민자본주의라는 용어는 베버(Max Weber)의 개념으로 전근대 사회의 자본주의를 말하고 있다. 즉 근대 소법 자본주의 이전 사회에 나타난 영리 활동 내지 영리 충동을 근거로 한 영리 행위를 전기적(前期的) 자본이라 하고, 그들이 보이는 우연한 시세 차이나 화폐 부족을 기화로 영리추구를 행하는 한 약탈적이고 천민적임을 강조하고 있다.

더 나아가 베버는 이러한 자본주의를 산업 자본형성 이후의 합리적 자본주의–정밀한 비용계산을 근거로 정확한 수익 계산이 가능한 자본주의 다시 말하면 산업자본의 축적 양식인 생산과정에서 이윤추구를 하는 자본주의–에 대해 정치 지향적 자본주의(political oriented capitalism)라는 개념을 대비시켜 자본주의 이전의 영리를 추구하는 행동은 정치 권력을 배경으로 하는 특권적 모험상인이나 귀족들의 영리 추구와 산업자본주의 시대의 중산적 생산자층의 영리추구 활동을 구분한다.

따라서 정치 권력과의 결탁을 통한 자본축적이 이루어지면 이를 천민자본주의와 동일시하고 이를 정치와 경제의 유착으로 표현하는 '정경유착'은 부정부패의 근원지로서 청산해야 할 악으로 취급해 왔다.

그런데 역사적 사실로서 정경유착은 절대주의 시대에 그리고 후발자본주의 국가들의 산업화 초기 단계에 또 고대사회에도 중세시대에도 보이는 보편적 현상이다. 특히 우리나라의 경우는 조선 시대 시전상인들의 상권이라는 것이 관수(官需)물자 조달의 용달상으로서 정치 권력의 대리인에 불과했던 사실을 보면 한국경제에 나타난 천민자본주의로서의 정경유착은 그 타당성이 감소한다. 왜냐하면, 이는 우리나라만의 현상이 아닌 역사 전체를 통해 나타나고 있기 때문이다.

한국 경제의 천민성의 역사적 유래

앞에서 설명한 정경유착 현상은 정치 권력의 지원을 받는 특권적인 것이기에 비난받는다. 그런데 조선 시대의 통치이념이었던 성리학에서는 이(利)의 추구를 하는 상업행위를 기본축말(棄本逐末)이라고 천시하고 인간의 근본인 인의(仁義)를 해치는 것으로 간주하면서 착취도 지나쳐 생산력 발달의 저해를 초래하였다. 이를 뒷받침하기 위해 사·농·공·상(士農工商)이라는 사회적 직분의 구분을 계급인 것처럼 이념화시켜 상인을 천시하는 분위기를 만들어 갔다.

이에 반해 중국에서는 사=상일치(士商一致) 내지는 선비에서 상인으로 상인에서 선비로 하는 식의 직분의 진화·역진화가 원(元)나라 때 일반화되기 시작한다. 그들은 상업서를 남겨 상행위의 질서 내지 윤리·도덕을 강조·계승시켰다.

이에 반해 우리나라의 경우는 명(名)과 실(実)의 관계에서 유학 원리주의에 속한 성리학의 입장에서 명(名)만을 내세우는 아주 폐쇄적인 사상체계를 형성·발전시킨 것이다. 이러한 폐쇄적이고 부분적인 유가(儒家)의 사상체계는 우리 사회가 지니고 있는 폐해인 이분법적 사고와 연좌제적 사고의 근본을 형성 발전시킨 것은 아닌지. 적극적인 검토가 필요한 시점이다.

Ⅱ

대안

1. 천민성 극복을 위한 대안

홉스 밤의 이중혁명론을 따르면 산업혁명과 시민혁명의 상호보완과 대립이 세계적 규모에서 근대사회를 물들이고 있다. 특히 1960년대에 들어서 본격적인 산업화를 추구했던 한국사회는 시민혁명을 위한 진정한 사회운동이나 사회변혁을 위한 움직임을 보이지 않은 채 물질적인 측면에서의 대중 소득 내지 대중 구매력이 높아졌다.

인류의 역사를 살펴보아도 미래를 위한 생각은 하지만 실제론 미래를 위한 고민 없이 현재만의 논리 속에 매몰되어 있는 것이 현실이다. 현 사회의 문제를 극복하기 위한 첫 번째의 출발점은 우리의 다음 세대를 어떤 사회 질서 속에서 살게 하는 것이 진정으로 그들을 위한 것인가 하는 생각이다. 개별 부모나 개인적이 아닌 사회 전체의 입장에서 말이다. 결국은 교육이라는 문제로 귀결된다. 이에 그동안의 경험을 통해 얻은 내 개인의 생각을 정리해본다.

2. 인류사회를 관통하는 기본원리

인류에게 있어 가장 기본적인 문제는 인간사회에 내재하고 있는 인간 고유의 이원성(二元性)이라고 할 수 있다. 즉 사회를 움직이는 작동원리는 인간 개개인이 지니고 있는 개별성–개인의 능력, 욕망, 가치관 등–과 인간 사회 전체가 유지 존속해야 하는 작동원리로서의 공동성–역사·문화·환경·'질서' 나아가 권력까지 포함–의 두가지 작동원리는 인류가 지구상에 존재하면서부터 우리에게 커다란 과제를 주었던 문제이다.

그러나 개인의 능력이 미약한 사회에서 공동체의 멸망은 인류의 사회 공멸 위험이 있다. 전근대사회에서는 공동성이 개별성보다 훨씬 우위에 있었다. 그러나 생산력의 발달, 과학기술의 발달, 혈연관계의 이완 등 이른바 사회가 발전함에 따라 개별성의 범위가 점차 확대되고 그것은 물적 생산력의 발전 나아가 교역 범위의 확대됨에 따라 경제 논리의 등장을 초래한다. 그리고 점차로 자본주의 사회로 이행을 통해 개별성이 공동성 우위에 있게 되는 역전 현상이 나타나게 되고 이제까지 경험하지 못한 대중적·평균적 물적 풍요를 가져왔다. 이러한 상태에서 경제 논리의 독주는 인간의 생물학적 존재 여건이었던 자연환경을 크게 훼손시킨 것이 사실이다. 과학의 발달, 기술의 발달들이 인류의 미래를 위한 선택인 것처럼 '환상'을 심어주고 자본의 논리를 대변하는듯한 인상을 주고 있음도 사실이다.

어쨌든 인간사회의 역사를 더듬어 볼 때 앞에서 언급한 인간사회의 이원성을 어떻게 조화시키고 안정적인 유지를 가능케 할까가 미래의 과제라고 생각한다.

또한, 이러한 기본적 구성요소의 보다 원리적인 존립 근거는 무엇일까에 대한 생각을 간단히 정리해 보겠다. 먼저 개별성이 존립하고 설득력이 있으려면 '자기 책임의 완결'이라는 작동원리가 먼저 작동되어야 한다. 자기 책임의 완결은 상·벌의 기준이 분명함을 전제로 한다. 상벌의 기준이 명확하다 함은 그 기준이 어떤 이유에서도 흔들리지 않아야 하고 그래야만 사회질서가 유지된다는 의미이다. 이러한 기준의 구체적 사항은 시대변화에 따라 달라질 수 있으나 가장 근본적인 인간의 문제라는 입장에서 보면 공동성을 해치지 않는 범위–타인에 대한 배려–에서 작동되어야 하고 그 개별성은 자기 책임 내에서 이루어져야 한다.

다음은 공동성의 문제인데 인간이 인간으로 살아가기 위해 형성하는 것이 「사회」이고 사회의 유지·존속은 공동성의 발로이다. 물론 시대에 따라 사회의 모습이 달라져 있지만 고대부터 지금까지 유지된 인류사회의 공동성의 기본은 타인에 대한 배려와 인정이다. 이러한 원리가 작동되기 위해서는 모든 것은 상대적이라는 상대주의적 입장에서 세상을 보아야 한다.

상대주의적 관점에서 보면 원리주의적인 유일사상에 매몰되면 얼마나 폐쇄적이고 독선적이며 폭력적인지를 알 수 있다. 그렇게 되면 사회의 공동성은 깨어지게 되고 인간사회의 존립 자체가 위협받게 된다. 자기 책임의 완결과 타인에 대한 배려가 부족한 사회는 아직 근대화–이중혁명의 완성–를 이루지 못한 후진사회임이 틀림없고 그 점에서 사회 전체가 천박함을 드러내고 있는 것이다.

그러면 이러한 자기 책임의 완결과 타인에 대한 배려가 부족하다면 이의 보완을 위한 처방전은 무엇일까를 생각해보자.

3. 천민성 극복의 처방전 -교육-

이 부분은 어떤 이론이나 실증적 입장이 아니고 백퍼센트 나 자신의 경험에서 나온 경험칙(經驗則)에 근거한 것임을 미리 밝혀둔다.

교육은 세뇌이다. 어렸을 때 배운 것이 생각나는 것은 세뇌작업의 결과물이다. 우리는 교육의 목표를 거창하게 잡고 한 인간으로서의 생활이 가능하도록 하기 위한 것이라고 말한다. 그러나 실제 지금까지 받아온 교육내용이나 내가 행한 교육의 내용을 냉정히 돌아보면 세뇌작용의 일부에 불과하다. 즉 받은 내용은 상당 부분이 전통으로 둔갑하여 그렇게 되는 것이고 내가 가르친 내용은 학생들에게 얼마나 많은 영향을 주었을까. 이른바 대학의 즉 학부의 전공은 세뇌이고 그 세뇌가 사고체계를 지배하는 경향이 강하다.

따라서 어릴 때의 교육은 매우 중요하다. 보고 배우는 것이 교육이고 피교육자 입장에서는 따라 하기이다. 부모에게서 배우는 가정교육, 사회가 가르치는 사회교육, 그리고 이 두 가지를 보완 보충해주는 학교 교육. 이 세 가지가 이른바 교육의 주요 구성요소이며 이 세 가지의 조화가 무엇보다 중요하다.

그런데 과거 농경사회에서 행해졌던 가정교육은 지금으로써는 그대로 바랄 수 없다. 그러나 사회교육을 통해서 우리는 가정교육의 부활-인간다운 삶을 사는데 필요한 최소한의 수양-을 기대할 수 있으며 이러한 사회교육의 전통을 세우기 위해 학교 교육 특히 초등학교의 교육을 개선해야 한다.

자기 책임의 완결과 타인에 대한 배려를 위해 어떠한 내용의 교육이 필요할까를 생각해보면 다음과 같다.(전적으로 내 개인의 생각임을 밝힌다. 현장 적용성이 있는지는 따로 검토가 필요할 것이다)

초등학교 4~5학년까지는 국어(말하기·듣기·쓰기·읽기–특히 남에게 말하는 법, 남의 이야기를 듣는 법 등–)와 계산법(더하기·빼기·나누기·곱하기) 그리고 공동놀이의 과목–예를 들면 다른 사람과 함께하는 놀이형 체육활동, 음악활동, 그리고 공중질서 지키기–을 계속해 30~50년 간 변하지 않고 교육을 하면 이때 배운 것들이 새로운 전통이 되고 자기 책임 하에서 공동성을 지향하는 인간형을 만들어 낼 수 있지 않을까.

그리고 사회 자연 등의 과목은 5학년이 지나서, 외국어는 중학교에서부터 시작하면 되지 않을까. 모든 국민이 다 외국어를 잘해야 되는가 좀 생각해야 할 일이다. 또 하나 공동의 놀이 활동에는 신체적 약자도 함께하여 사회적 약자에 대한 배려를 어려서부터 배우게 해야 한다. 또한, 다문화 가족들도 함께하여 사회나 문화의 다양성을 어려서부터 접해야 사고 유연성이 길러지게 된다.

또 하나 교육에서의 금기 사항은 이데올로기적 편향이다. 교육은 인간 개별성과 사회의 공동성을 가르쳐야 한다. 사상적 편향성은 인간의 자기 책임의 완결이나 타인에 대한 배려를 저해할 수 있다.

매번 반복되는 교육개혁은 제도의 변화에만 그치고 있다. 특히 대학입시제도의 변화를 보면 우리 기성세대를 할 말이 없을 정도로 부끄러울 뿐이다. 진실로 우리의 후세대들이 어떤 교육을 받고 그들이 어떤 사회에서 살아야 할지를 고민해주어야 한다.

현재 우리의 눈이 아닌 그들의 눈에 가깝게 하는 것이 우리 기성세대의 책임임이 틀림없다.

참고문헌

참고문헌

姜普哲,『韓國中世土地所有硏究』 一潮閣, 1989.

高承濟,『韓國村落社會史硏究』, 一志社, 1977.

權丙卓,『韓國經濟史』, 搏英社, 1984.

金玉根,『朝鮮王朝財政史硏究』, 一潮閣, 1984.

______,『朝鮮또朝財政史硏究(Ⅱ)』, 一潮閣, 1987.

______,『朝鮮또朝財政史硏究(Ⅲ)』, 一潮閣, 1988.

愼鍊度,『朝鮮土地調査事業硏究』, 韓國硏究院 1979.

金鴻植,『朝鮮時代封建社會의基本構造』, 搏英社 1981.

文炳錄,『韓國村落에 關한 硏究一農業의 生産方式과 그 發展을 中心으로』, 中央大學出版局, 1970.

李光査,『韓國家族의 史的硏究』, 一志社, 1977.

李榮薰,『朝鮮后期 土地所有의 基本構造와 農民經營』, 서울대, 1985.

曺圭昌增補,『增補版 게르만法』, 搏英社, 1989』.

崔弘基,『韓國戶籍制度硏究』, 서울대, 1975.

李樹健,『朝鮮時代地方行政史』, 民音社, 1989.

黃迪仁,『로마法 西洋法制史』, 搏英社, 1990.

향촌사회연구회,『조선 후기 향약연구』, 民音社, 1990.

고전문헌:『三國史記』,『經國大典』,『經國大典註解』,『續大典』,『大典通編』,『朝鮮王朝實錄』,『高麗史』,『增補文獻備考』,『與猶堂全書』,『潘溪随錄』,『播溪随錄補遺』

『燕岩集』, 『原本備旨 孟子集註』, 『松江集別集』,
『朝鮮經國典』, 『新增東國輿地勝覽』, 『呂氏鄕約諺解』
大塚久雄, 『大塚久雄著作集』, 全13巻, 岩波書店, 1969.
川島武宜, 住谷一彦編, 『共同體の比較史的研究』, アジア經濟研究所, 1973.
小谷汪之, 『共同體と近代』, 青木書店, 1982.
________, 『マルクスとアジア』,青木書店 1979.
星埜 惇, 『社會構成體移行論序說』,未來社, 1969.
市川泰治譯, 『共同體の經濟構造』,未來社, 1969.
カル・マルクス, 武田隆外譯, 『經濟學批判』, 岩波書店, 1956.
カル・マルクス, 『資本論 合本版』, 大月書店, 1982.
カル・マルクス, 『經濟學批判要綱』, 5分册(高木幸二郎監譯), 大月書店, 1961.
大塚久雄外, 『西洋經濟史講座』全5巻, 岩波書店, 1960.
島田 豊外編, 『講座 史的唯物論と現代』全6巻, 青木書店, 1977.
林直道, 『史的唯物論と所有理論』, 大月書店, 1974.
______, 『フランス語版資本論の研究』, 大月書店, 1975.
中村 哲, 『奴課制・農奴制の理論』, 東京大出版會, 1977.
岩田 弘, 『現代社會主義と世界資本主義』, 批評社, 1989.
旗田 巍, 『朝鮮中世社舍史の研究』, 法政大學出版局, 1972.
朝鮮史研究會, 『新朝鮮史入門』, 龍溪書舍, 1981.
韓國經濟史學會, 『韓國史時代區分論』, 을유문화사, 1970.
朝鮮總督府中樞院, 『朝鮮田制考』, 1940.
朝鮮總督府, 『慣習調査報告書』, 1913.

田川孝三,『李朝貢納制の研究』, 東洋文庫, 1964.

中村 吉治,『新訂 日本の村落共同體』, 日本評論社, 1971.

V .I.Lenin, Collected Works Vol. 13.

John.E. Martin, Feudalism to Capitalism-Peasant and Landlord in English Agrarian Development, Humanities Press, 1983.

P.A.Anderson, Lineages of Absolutist Slate, London, NLB, 1974.

P.A.Anderson, Passages from Antiquity to Feudalism, London, NLB, 1974.

I,Wallerstein, The Modern World System I;Capitalist Agriculture and the Origins of the European World Economy in sixteenth century, N.Y., 1974.

B.Hindess & P.Q. Hirst, Pre-Capitalist Modes of Production, London, RKP, 1975.

김선경,「조선 후기의 조세 수취와 面·里운영」, 연세대학교 석사학위논문, 1984.

김준형,「조선 후기 面里制의 性格」, 서울대학교 석사학위논문, 1982.

김홍식,『조선 시대 봉건사회의 기본구조』, 박영사, 1989.

朴峻緒, 集權制의 經濟的基礎,『韓國經濟』第9輯, 1981

愼鏞廈, 두레共同體와 農樂의 社會史,『한국사회연구2』, 한길사, 1984.

愼鏞廈, 두레共同體와 社會史,『共同體理論』, 문학과 지성사, 1985.

하랄트 슈만, 한스 페터 마르틴,『세계화의 덫』, 강수돌 역, 영림카디널, 2003.

칼 마르크스,『자본론』, 김수행 역, 비봉출판사, 2015.

앤드류 스크무클러, 『시장경제의 환상』, 박상철 역, 매일경제신문사, 1998.

애덤 스미스, 『국부론』, 김수행 역, 동아출판사, 1992.

오오츠카 히사오, 『오오츠카 히사오 저작집』, 전 13권, 이와나미서점, 1969~86.

大塚久雄 外, 『講座西洋經濟史』, 全5劵, 岩波書店, 1965.

헨리 조지, 『진보와 빈곤』, 김윤상 역, 비봉출판사, 1997.

크루그먼, 『폴 크루그먼의 경제학의 향연』, 김이수, 오승훈 역, 1997.

小谷狂之, 『講史有法いついて』, 동경대학교, 1986.

金子勝, 『反經濟學』, 新書館, 1997.

이찬근, 「외환금융위기의 외부조건가설 : 1990년대의 위기사례를 중심으로」, 동향/연구보고서, 2000.

拙稿, "한국자본주의 발달사 연구에 있어서 자본주의 맹아론의 인식과 과제", 『성곡논총』, 1986.

大內 力, 『農業の基本的 價値』, 1993.

E. J. Hobsbawm, 安川悅子 외 譯, 『市民革命 と 産業革命』, 岩波書店, 1964.

關口尚志梅, 『近代と現代』, 教育學會, 1955.

저자 후기

저자 후기

이 책의 주제인 '한국 경제사회의 천민성'에 대한 나의 관심은 돌이켜 보니 경제사를 전공하면서 자본주의를 공부하던 학부 시절부터인 듯하다. 이후 대학원에서 여러 분야를 접하고, 충북대학교에 부임해서 학생들에게 다양한 과목을 가르치면서도 이 주제는 항상 머릿속을 맴돌았다. 오랫동안 관심을 두어 중요하게 생각했던 '한국 경제사회의 천민성'이라는 화두를 풀어볼 욕심을 구체적으로 냈던 것은 최근 5~6년 전이었다. 교내 연구비 지원을 받은 것도 마음을 다잡은 좋은 계기가 되었다. 하지만 그 무렵부터 현저하게 시력이 나빠지기 시작했다. 시각 장애인 판정을 받고 장애인용 지팡이를 짚고 다니는 상황까지 이르게 되었다. 욕심 같아서는 보조공학기기의 도움을 받아서라도 자료를 정리하고 새롭게 분석하여 번듯한 내용을 소개하고 싶었지만, 적당히 마무리하는 수밖에 달리 도리가 없었다. 이 점과 관련해서 독자들의 이해와 질정(叱正)을 구하는 바이다.

책을 만들기 위해서 박사 학위 논문을 수정·보완하고(제I부) 15년 전에 발표한 논문을 수정·보완했다. (제II부) 그리고 제II부는 시력상실 이후 생각하던 문제를 두서없이 기록한 것이다. 모자라고 부족하다고 생각하는 학문적 결과물을 세상에 내놓는 만용에 스스로 놀라면서 그동안 김성기라는 사람을 아껴준 식구들, 은사님들, 선후배 동료 교수님들께 감사드린다. 그리고 인연으로 스쳐 간 많은 사람에게도 감사한다.

또 불편한 나를 도와준 많은 학생, 교직원들, 학과를 거쳐 간 많은 조교와 졸업생들에게 진심으로 감사드린다.

일종의 딜레탕티즘으로 대학원 진학을 하겠다고 억지를 부렸을 때 조용한 미소로 받아주셨던 지도교수님이 그립다.

2017년 12월